México

Manual de civilización
Español **L**engua **E**xtranjera

Rosa Esther Delgadillo Macías

edelsa
GRUPO DIDASCALIA, S.A.
Plaza Ciudad de Salta, 3 - 28043 MADRID - (ESPAÑA)
TEL.: (34) 914.165.511 - (34) 915.106.710
FAX: (34) 914.165.411
e-mail: edelsa@edelsa.es - www.edelsa.es

Primera edición: 2013

© Edelsa Grupo Didascalia, S.A. Madrid 2013

Autora: Rosa Esther Delgadillo Macías
Dirección y coordinación editorial: Departamento de Edición de Edelsa
Diseño de cubierta e interior: Departamento de Imagen de Edelsa
Maquetación de interior: Carolina García

Imprenta: Varoprinter

ISBN: 978-84-7711-810-7

Depósito Legal: M-18607-2013

Impreso en España / *Printed in Spain*

Fotografías, logotipos y agradecimientos:
Fotos de http://www.photos.com/es/

Notas:
- La editorial Edelsa ha solicitado los permisos de reproducción correspondientes y da las gracias a todas aquellas personas e instituciones que han prestado su colaboración.
- Las imágenes y documentos no consignados más arriba pertenecen al Departamento de Imagen de Edelsa.
- Cualquier forma de reproducción de esta obra solo puede ser realizada con la autorización de la editorial, salvo excepción prevista por la ley. Diríjase a CEDRO (Centro de Derechos Reprográficos, www.cedro.org) si necesita fotocopiar o escanear algún fragmento de esta obra.

Prólogo

México, Manual de civilización es una obra pensada para los alumnos que necesitan conocer la civilización mexicana a un nivel escolar. La presente obra, por tanto, ofrece un gran apoyo al conocimiento que los estudiantes deben alcanzar de la actualidad mexicana en todas sus facetas (histórica, socioeconómica, cultural, etc.), lo que les permitirá comprender la transformación del país y de la sociedad en los últimos tiempos.

El libro que tiene entre sus manos ha sido redactado teniendo en cuenta las necesidades de clase y ha sido completado con una explotación didáctica de tal forma que se adapta con todo ello al ritmo del nivel escolar.

Como propuesta de inmersión en la realidad de México, hemos optado por presentar los textos en la variedad lingüística culta mexicana.
✔ El índice, además de recoger los conocimientos, ofrece una programación según el nuevo *Plan Curricular del Instituto Cervantes* (valores, creencias, representación y símbolos).
✔ En todos los módulos se propone al estudiante, a modo de preparación a las pruebas orales de los exámenes oficiales (DELE), unas sugerencias de debate y reflexión para desarrollar no solamente su capacidad discursiva oral, sino también su interculturalidad.
✔ El discurso dirigido al estudiante está en la variedad dominante mexicana para que el alumno se familiarice con la forma de comunicación más usual en el país, ya que consideramos que, si se siente motivado con la cultura mexicana, también lo estará, previsiblemente, hacia su variedad dialectal.

Con el fin de fomentar la curiosidad del estudiante y hacerle participar activamente en lo mexicano, le ofrecemos distintos enlaces en la web de Edelsa > Zona Estudiante > México con extractos de canciones y fragmentos de discursos, todo dentro de lo más representativo de la vida cotidiana de los mexicanos. Asimismo, recogemos en el libro direcciones de páginas web con las que el alumno que lo desee podrá ampliar su inmersión en la realidad lingüística y cultural del país.

La editorial

Índice

MÓDULO	TÍTULO	CONTENIDOS	
1 Pág. 6	México	✔ Geografía. ✔ Recursos naturales. ✔ Símbolos de identidad. ✔ Variedad lingüística mexicana. ✔ México en números.	
2 Pág. 16	México hoy	✔ Población mexicana, fusión de culturas. ✔ La familia mexicana. ✔ La educación.	✔ La economía. ✔ La política. ✔ La religión. ✔ ¿Cómo son los mexicanos?
3 Pág. 28	México indígena	✔ Mesoamérica territorial. ✔ La cultura teotihuacana. ✔ La cultura mexica o azteca. ✔ La cultura maya.	
4 Pág. 36	México mestizo	✔ Encuentro de dos mundos. ✔ Época virreinal. ✔ La independencia de México.	✔ Invasiones extranjeras. ✔ La Revolución mexicana. ✔ Los siglos xx y xxi.
5 Pág. 46	Sabores y colores	✔ El chile y sus variedades. ✔ El maíz. ✔ El chocolate. ✔ Antojitos mexicanos. ✔ La dieta del mexicano.	
6 Pág. 54	México y las artes	✔ La literatura. ✔ La pintura: el muralismo mexicano. ✔ El cine mexicano.	
7 Pág. 64	Tradiciones	✔ La Navidad en México. ✔ El Día de Muertos. ✔ La Fiesta de la Independencia. ✔ La Semana Santa.	✔ Visita a la Basílica de Guadalupe ✔ La charrería. ✔ La Guelaguetza. ✔ *Las mañanitas.*
8 Pág. 74	Cultura popular	✔ ¡Viva el fútbol! ✔ La lucha libre. ✔ Juego de pelota mesoamericano.	✔ La música popular. ✔ Las bandas musicales. ✔ La expresión juvenil.
9 Pág. 84	¡Conoce México!	✔ Mundo maya. ✔ Ruta de los Dioses. ✔ Tesoros de México.	✔ Centros de playa. ✔ Pueblos mágicos. ✔ Patrimonios de la Humanidad

VALORES Y CREENCIAS	REPRESENTACIÓN Y SÍMBOLOS
Conciencia de la diversidad geográfica y humana de México. Situación de México en el mundo. Símbolos que identifican a México.	Fauna característica. La bandera, el escudo y el himno nacionales. La lengua y la moneda.
La diversidad étnica como generadora de cultura. El valor de la familia en la sociedad. El respeto ante la diversidad.	La población indígena. Las grandes instituciones educativas mexicanas. La constitución mexicana. El Atrio de las Américas.
El respeto por las culturas precolombinas. Valorar el pasado para entender el presente.	Aportación de las culturas mesoamericanas al mundo. Grandes restos de las culturas precolombinas en México.
Conciencia del pasado para valorar el presente. Conocimiento de los grandes episodios que conforman el México de hoy.	Los momentos más destacados de la historia mexicana. Los grandes protagonistas.
Descubrimiento del origen americano de productos básicos en la dieta actual. Reconocimiento de la variedad y riqueza de la gastronomía mexicana.	Los grandes platos de la cocina mexicana. La gastronomía tradicional mexicana como Patrimonio de la Humanidad. La dieta mexicana.
Conocimiento de los artistas como exponentes destacados de una mentalidad. Valoración de los grandes hitos artísticos.	Grandes protagonistas de la literatura, la pintura y el cine mexicano. Las grandes producciones artísticas mexicanas.
Valores y costumbres de las distintas fiestas anuales. Respeto por las tradiciones de una comunidad.	Las posadas, la Catrina, el Grito de Dolores, los charros y otros rasgos característicos de la idiosincrasia mexicana.
Reconocimiento de los grandes representantes deportivos mexicanos. Respeto por la diversidad y la idiosincrasia culturales.	Los grandes representantes del deporte y la música mexicanos.
Descubrimiento de la gran diversidad turística de México y valoración de sus atractivos. Valorar la diversidad paisajística, cultural y turística.	Los grandes destinos turísticos de México.

Módulo 1

Plaza del Zócalo, México D. F.

México

Prepárate

~ ¿Qué sabes de México?
~ ¿Dónde está?
~ ¿Con qué identificas México?

Módulo 1

▶▶ Geografía

✔ El nombre oficial de México es «Estados Unidos Mexicanos». El país está en el extremo sur de América del Norte. Al este, están el golfo de México y el mar Caribe, que forma parte del océano Atlántico, y al oeste, el océano Pacífico. México tiene frontera al norte con Estados Unidos y al sur, con Centroamérica, específicamente con Guatemala y Belice.

✔ En general, el norte del país es de tipo desértico. Sus climas secos se extienden hacia el centro del país y ahí se vuelven mucho más fríos debido a la altitud. El clima en la costa baja del golfo de México y en la del Pacífico es tropical.

✔ México es el país más poblado de habla hispana y está conformado por 31 estados o entidades federativas y un distrito federal (conocido como Ciudad de México). Los estados más grandes son: Chihuahua, Sonora, Coahuila y Durango. Los más importantes económica e industrialmente son: Guadalajara, Monterrey y el Distrito Federal. Y los más visitados son Guerrero, Oaxaca, Chiapas y Yucatán.

(Fuente: http://www.presidencia.gob.mx).

Prepárate
Responde a esta pregunta:
¿Por qué crees que se dice que México ofrece una gran variedad de destinos turísticos?

Actúa
Responde, ¿verdadero o falso?   V   F
1. El océano Atlántico, Guatemala y Belice tienen frontera con México.
2. México tiene una variedad de climas.
3. 31 estados y una entidad federativa forman México.
4. Durango y Guerrero son los estados más grandes.

Aclara tus dudas
Entra en http://www.visitmexico.com/es, elige una zona y anota los datos más interesantes.

México

Actúa
Responde las siguientes preguntas:

1. ¿Por qué razones México presenta una gran diversidad natural?
2. ¿Qué especies naturales mexicanas hacen el 10 % de la riqueza global mundial?
3. En el párrafo 3, aparece *deforestación*. Explica qué significa y di el contrario.
4. Señala el recurso mineral que NO encontramos en México:
   sal, hierro, plata, cobre, diamantes, azufre, oro, petróleo.
5. En el párrafo 5, la palabra *potencial* significa:
   a) cambios b) capacidad c) variedad

Reflexiona
1. ¿Dónde está tu país? ¿Con qué recursos naturales cuenta?
2. ¿Qué podemos hacer desde el punto de vista personal para preservar la biodiversidad?

Borrego cimarrón

Aclara tus dudas
Ve a **http://www.biodiversidad.gob.mx/ninos/vamosaExplorar.html**

1. Descubre los cuatro diferentes ecosistemas al pasear el ratón.
2. Selecciona «¿Por qué México?» y descubre las seis razones de tanta riqueza natural.
3. Selecciona «Entre más somos» y observa la transformación del territorio mexicano.
4. Visita la sección de video que muestra las especies de plantas y animales mexicanos.

▶▶ Recursos naturales
¿Con qué recursos naturales cuenta México?

✔ La ubicación de México, su complicado relieve, sus climas y su historia evolutiva han contribuido a la gran riqueza de ambientes, de fauna y flora que ponen al país entre los primeros cinco lugares en el mundo con mayor diversidad natural.

✔ En el ámbito mundial, México ocupa el lugar 14 en extensión territorial y, en el hábitat, el cuarto conjunto de especies de plantas, animales y otros organismos del mundo, que contribuye, en promedio, con un 10 % de la riqueza global en aves, flora, anfibios, mamíferos y reptiles.

✔ México tiene la reserva de bosques más grande del mundo. A pesar de los niveles altos de deforestación, los bosques cubren un cuarto del país.

Puma

✔ En México existen grandes depósitos de minerales de plata, cobre, sal, hierro, azufre y oro. El petróleo es el recurso mineral más valioso del país.

✔ México tiene 11 122 kilómetros de litorales o costas, que significan un gran potencial de recursos pesqueros. Entre los principales productos de la pesca se encuentran el atún y el camarón, que en su mayoría se exporta a Estados Unidos.

(Fuente: http://www.biodiversidad.gob.mx)

Tucán

Módulo 1

▶▶ Símbolos de identidad

✔ La pronunciación correcta de México es [méjiko] (no [méksiko]). Esta representación ortográfica es la utilizada en el país y en la mayor parte de Latinoamérica. México significa «en el ombligo de la Luna», del náhuatl «Metztli» (luna), «xictli» (ombligo) y «co» (lugar). Los mexicas lo pronunciaban «Meshico». En el castellano del siglo XV, no existía el sonido «jota», así que se empleó una equis para tratar de castellanizar la pronunciación mexica. Con el tiempo, evolucionó la lengua castellana y los españoles cambiaron la ortografía inicial a la de «Méjico». Sin embargo, esta modificación no se adquirió en el país. De esta manera, se conserva un arcaísmo ortográfico que para los mexicanos también es símbolo de identidad.

✔ Los tres colores que encontramos en la bandera mexicana simbolizan: el verde, la independencia (de España); el blanco, la pureza de la religión (la fe en la Iglesia católica) y el rojo, la unión (entre europeos y americanos).

✔ La historia del diseño del escudo nacional viene de la leyenda de la fundación de la Gran Tenochtitlan, hoy Ciudad de México. Según esta, los mexicas (aztecas) decidieron fundar la capital de su imperio en una laguna porque vieron un águila sobre un nopal y ese era el signo que su dios Huitzilopochtli les había dado antes de salir de su ciudad de origen, Aztlán (hoy en el estado de Nayarit), en 1325. Para los antiguos mexicanos, el águila era el símbolo de la fuerza cósmica del sol, mientras que la tierra estaba representada en la imagen de la serpiente. De esta forma, el águila devorando a la serpiente significa la unión de esas fuerzas vitales. El nopal, además de ser un alimento prehispánico, es una planta propia del paisaje mexicano y nos ubica simbólicamente en un lugar rodeado por cactus. Actualmente aparece en el centro de la bandera nacional y en las monedas.

Prepárate

Responde a la pregunta:
¿Qué hay en el escudo de México?

Actúa

1. ¿Cómo explicarías que México se escribe con (X) (equis) y se pronuncia con (j)?

2. Completa las siguientes frases:
   1. La unión, la .... y la independencia son los símbolos de ....
   2. Dos animales representaban el sol y la tierra para los antiguos mexicanos: .... y ....

3. Busca todas las palabras relacionadas con la guerra en el himno y cámbialas por otras que se relacionen con la paz.

México

Reflexiona

1. ¿Cuáles son los símbolos de tu país?
2. En todos los países hay diferentes símbolos de identidad, ¿por qué son importantes?

Mexicanos cantando el himno en un encuentro deportivo

Aclara tus dudas

1. **Visita la web de Edelsa > Zona Estudiante > México**, pulsa en el enlace 1 y escucha el himno.
2. **Entra en http://www.facebook.com/group.php?gid=342917402149&ref=share, lee los comentarios y añade el tuyo.**

Retrato de Jaime Nunó, compositor musical del himno

El himno nacional

✔ Para encontrar la letra y la música del actual himno mexicano, se llevaron a cabo varios concursos nacionales, hasta que, en 1853, Francisco González Bocanegra fue distinguido como el escritor ganador de los versos del himno mexicano. La anécdota cuenta que su prometida, Guadalupe González, lo encerró en una habitación de su casa diciéndole que no lo dejaría salir hasta que terminara de escribir la letra. Unos meses después, el músico de origen catalán, Jaime Nunó, compuso el arreglo musical que fue interpretado durante la fiesta nacional en el año de 1854, haciendo oficial la letra y música de nuestro actual himno nacional.

Retrato de Francisco González Bocanegra, autor de la letra del himno

La letra oficial del himno nacional es la siguiente:

CORO
Mexicanos, al grito de guerra
el acero aprestad y el bridón, y retiemble en sus centros la tierra
al sonoro rugir del cañón.

CORO I
Ciña, ¡oh, patria!, tus sienes de oliva
de la paz el arcángel divino,
que en el cielo tu eterno destino
por el dedo de Dios se escribió.
Mas si osare un extraño enemigo
profanar con su planta tu suelo,
piensa, ¡oh, patria querida!, que el cielo
un soldado en cada hijo te dio.

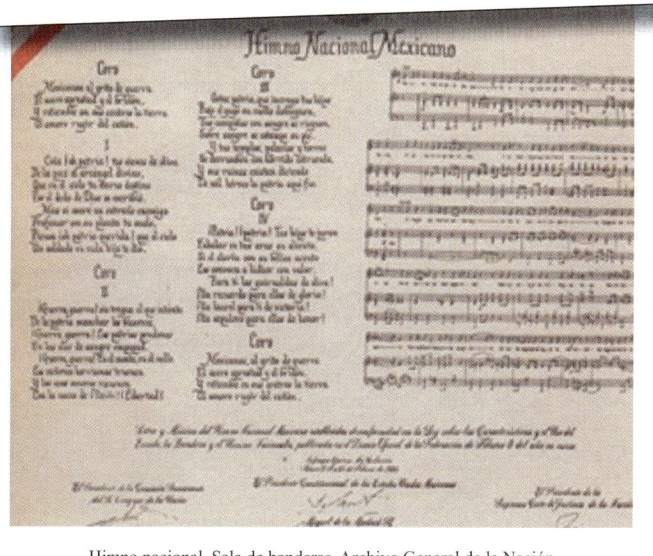

Himno nacional. Sala de banderas. Archivo General de la Nación

Módulo 1

▶▶ Variedad lingüística mexicana

Prepárate
¿Crees que existen diferencias entre el español de México y el español de otros países?

✔ El **español** es la lengua oficial de México. Sin embargo, también se hablan 68 lenguas indígenas y más de 100 dialectos derivados de ellas. Las lenguas más habladas son el **náhuatl**, el **maya**, el **zapoteco**.

✔ El español de México es su identidad, su patrimonio y se originó a finales del siglo XV y principios del XVI con la llegada de los conquistadores españoles. México recibió a una mayoría de andaluces y canarios, lo que motivó el seseo, es decir, el pronunciar como /s/ las letras *c* (ante *e*, *i*) y *z*, que en otras zonas del dominio hispánico representan el sonido /z/. Así, un mexicano dirá [serésa] por *cereza*, [siérto] por *cierto*, [sapáto] por *zapato*. También la /j/ se pronuncia mucho más suave en México que en otras partes de la península ibérica.

✔ Otra característica de nuestro español es el abuso de los diminutivos que podemos escuchar en una conversación: «espérame un ratito», «te invito a un cafecito» o «¡qué calorcito!». Estas formas son indispensables, porque nos ayudan a cambiar del tono reverencial a cariñoso o cercano.

Actúa
1. Relaciona las columnas.

A. Anglicismos

B. Pronunciación

C. Preposiciones

D. Vocabulario

1. No hay diferencia en la pronunciación de *s*, *z* y *c*, siendo pronunciadas todas como una /s/.
2. Uso del verbo *accesar* en lugar de «acceder a…». Ejemplo: *Accesa nuestra página de Internet.*
3. Uso de palabras como *lindo,* que alterna con *bonito*.
4. Presenta rasgos innovadores como el uso de *hasta* con significado de comienzo, en lugar de término de una acción. Ejemplo:
Abren hasta las diez, en lugar de *No abren hasta las diez.*
5. Uso de la palabra *café* para designar el color marrón.
6. Uso del verbo *aplicar*, en lugar de *postular*. Ejemplo: *Apliqué* a esa universidad en lugar de *Postulé* a esta universidad.

México

México

2. Localiza los mexicanismos.

1. Su novio de Juana es muy agradable.

2. Compré un "sweater" muy lindo esta tarde.

3. Chicos, ¿podrían ir al súper esta tarde?

4. Lo siento, se me cayó mi florero y se rompió.

5. Los espero esta noche en casa, amigos.

6. ¿Sería usted tan amable de permitirme pasar?

Reflexiona
Visita la web de Edelsa > Zona Estudiante > México pulsa en el enlace 2 y responde:
1. ¿Qué importancia tiene, en tu opinión, la preservación de las lenguas indígenas?
2. ¿Qué acciones se podrían emprender en la sociedad para defender las lenguas indígenas?
3. Para profundizar más en el tema, ¿qué lengua indígena de México te gustaría investigar?

Aclara tus dudas
Visita la web de Edelsa >Zona Estudiante > México y pulsa en el enlace 3. ¿Qué opinas después de escuchar los datos?

✔ El vocabulario en México también tiene una fuerte presencia de nahuatlismos (palabras que proceden del náhuatl, lengua indígena del centro del país) que fueron necesarios para explicar a España todo lo que había en el México del siglo XVI. Así pues encontramos palabras como: *tianguis* (mercado abierto en la calle), *petaca* (maleta), *coyote* (tipo de lobo), *cacao* y *chile*, entre otros. Hay también varias palabras de origen náhuatl que México ha dado al mundo, como *chocolate*, *aguacate* y *tomate*.

✔ En México actualmente también se utilizan muchas palabras que en otras zonas hispanohablantes pueden ser consideradas arcaicas, pero aquí son completamente actuales, como, por ejemplo: *aburrición,* en lugar de *aburrimiento*; *alcanzar* por *hacer llegar algo*; *alistar,* en lugar de *preparar*; *cobija* en lugar de *manta*; *dilatarse,* en lugar de *retrasarse*; *chocante,* en lugar de *pesado* o *poco simpático*.

✔ Una de las diferencias gramaticales más importantes es la no utilización en Hispanoamérica del pronombre personal *vosotros* y su concordancia con las formas gramaticales correspondientes. Se usa *ustedes*, sin distinción entre tratamiento familiar y formal. Por ejemplo, se dice «ustedes comen», en lugar de «vosotros coméis». Tampoco se usa el posesivo *vuestro* ni el pronombre *os*, que son sustituidos por las formas correspondientes de tercera persona del plural. Por ejemplo, en lugar de «vuestra casa», «su casa»; «os espero mañana», «los espero mañana». El uso de *ustedes* por *vosotros* es también frecuente en regiones del sur de España.

✔ Otro caso es el del uso del pretérito perfecto simple (indefinido), en contextos en que un español utilizaría el pretérito perfecto compuesto, como, por ejemplo: «ya comí» en vez de «ya he comido»; «hoy fuimos al teatro» por «hoy hemos ido al teatro». Este uso del pretérito lo encontramos también en España, en Asturias y Galicia.

✔ Como rasgos particulares del español de México podemos decir que existe un abuso del uso del posesivo. Por ejemplo: «me duelen mis pies» o «cómo quiere su sopa».

Módulo 1

►► México en números

✔ México ocupa el lugar 11 a nivel mundial por su número de habitantes y el lugar 14 por su extensión.

Concepto	Dato
1. Superficie territorial	1 964 375 Km^2
2. Población (29.11.2012)	116 901 761
3. Población en las principales zonas metropolitanas (Valle de México, Guadalajara, Monterrey, Puebla-Tlaxcala y Toluca), 2005	29,7 %
4. Densidad de población, 2007	54 hab/Km^2
5. Población de 5 años y más que habla una lengua indígena, 2005	6,7 %
6. Grado promedio de escolaridad de la población de 15 años y más, 2005	8,1 grados aprobados
7. Población que no sabe leer ni escribir, 2005	8,4 % de más de 15 años
8. Esperanza de vida al nacer, 2007	75 años
9. Salario mínimo general diario (a partir de 1 de enero de 2011)	$ 59,82 pesos = USD 4,07 EUR 3,60

(Fuente: http://www.inegi.org.mx).

✔ Según la Organización Mundial del Turismo, México es el principal destino turístico de América Latina y el 10º más visitado del Mundo.

✔ Por el Producto Interior Bruto (PIB), México es la 14.º economía del mundo y la 2.º de América Latina.

Prepárate
¿Sabes cuántos habitantes hay en México?

Actúa
Con respecto a esta información, da una opinión utilizando alguna de las siguientes estructuras.

Es (posible, probable…)	que México	sea, exista, tenga
Ejemplo: Es posible que México tenga la mayor población de América Latina.		
Me parece (difícil, interesante, extraño, bien, muy mal…) No (creo, me parece, pienso)	que los mexicanos	vivan, estudien, conozcan, trabajen…

México

Reflexiona
Visita http://www.oei.es/ibhabl03.htm y descubre los resultados de la opinión que tienen los iberoamericanos de los principales problemas de sus países.

Aclara tus dudas
Visita http://cuentame.inegi.gob.mx/ y revisa nuevamente las cifras.

¿Qué cosas te sorprenden de estos datos? ¿Cómo es en tu país?

l oficial de turismo en México, una de las grandes industrias y fuente de ingresos

✔ El peso mexicano es la moneda oficial de México. El peso fue la primera moneda en el mundo en utilizar el signo «$», incluso antes que el dólar de Estados Unidos. El peso se divide en 100 centavos, representados por el signo «¢».

✔ Actualmente hay en circulación monedas de 10, 20 y 50 centavos y 1, 2, 5, 10 y 20 pesos. En billetes, 20, 50, 100, 200, 5 000 y 1 000 pesos.

✔ Al cambio actual, 100 pesos equivalen aproximadamente a 7,85 dólares estadounidenses o 6,01 euros.

DIPLOMAS DE ESPAÑOL COMO LENGUA EXTRANJERA

INTERCULTURALIDAD

Somos todos iguales, somos todos diferentes.

~ Recopila toda la información que has ido preparando sobre tu país:
 - La geografía.
 - Los recursos naturales.
 - Los símbolos de identidad.
 - Tu país en números.

~ Prepara un informe sobre tu país.

~ Haz una presentación sobre tu país y compáralo con México. Tienes 2 minutos.

México 15

Módulo 2

México hoy

Prepárate

- ¿Qué crees que significa la frase: «México es una fusión de culturas»?
- ¿Cómo crees que son los mexicanos?
- ¿Qué sabes de la cultura mexicana?

Atrio de las Américas

Módulo 2

Poblacíon mexicana, fusión de culturas

✔ La mayor parte de la población mexicana es **mestiza**, resultado de la mezcla de indígenas y de blancos europeos, principalmente de origen español.

✔ Aproximadamente el 10 % de la población de México es indígena. En México, existen alrededor de **68 grupos indígenas**. Los principales grupos étnicos son: nahuas, mayas, zapotecos y mixtecos.

✔ En muchos lugares de México, los indígenas han estado marginados, tienen problemas de desnutrición, se encuentran en la pobreza extrema y no cuentan con buenos servicios de salud. Aunque se ha avanzado en los últimos años para mejorar sus condiciones de vida, uno de los retos sociales más grandes de los mexicanos es el reconocer y valorar la diversidad cultural que los caracteriza.

Estados con mayor proporción de población indígena

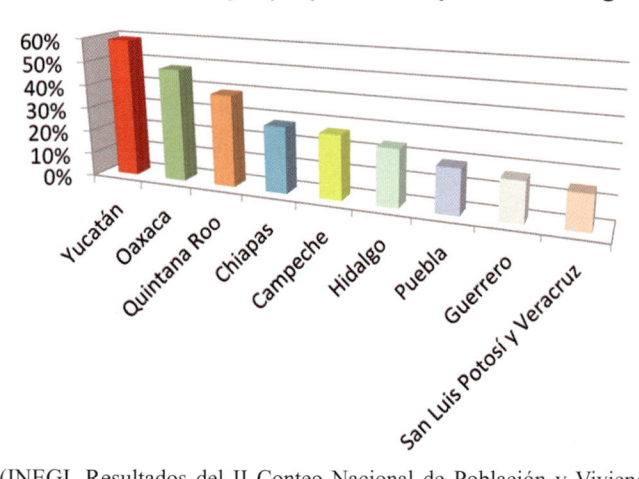

(Gráfica de barras: Yucatán, Oaxaca, Quintana Roo, Chiapas, Campeche, Hidalgo, Puebla, Guerrero, San Luis Potosí y Veracruz)

(INEGI, Resultados del II Conteo Nacional de Población y Vivienda, consultado en www.inegi.gob.mx).

Prepárate

¿Sabes qué significa la palabra *mestizo*?
¿Qué diferencia hay entre *lengua* y *dialecto*?

Actúa

1. Responde a las siguientes preguntas:
1. ¿Por qué se dice que la población mexicana es una fusión de culturas?
2. ¿Qué estado de la República Mexicana tiene mayor población indígena?
3. ¿Qué estado tiene menor población indígena?
4. ¿A qué reto se tienen que enfrentar los mexicanos?

2. Completa los espacios vacíos utilizando las siguientes palabras:

norte   sur   centro

Geográficamente podemos concluir que en la parte .... de México hay menos población indígena que en el .... y ....

3. Relaciona las palabras con su significado:

1. Resultado de una mala alimentación.
2. Sin integración social.
3. Encuentro biológico y cultural de etnias diferentes dando origen a una nueva.
4. No satisfacer necesidades básicas para vivir, como alimento, agua potable.

a. Pobreza extrema
b. Mestizaje
c. Desnutrición
d. Marginación

Reflexiona

1. ¿Qué ventajas y desventajas hay si un país tiene varias lenguas?

VENTAJAS	DESVENTAJAS

2. ¿En tu país hay grupos indígenas? ¿Cuántas lenguas y/o dialectos se hablan en tu país?

México hoy

Prepárate
¿Qué es para ti la familia? ¿Cuántas personas forman tu familia?

Actúa
1. Marca verdadero o falso según el texto: V   F
1. En México es común que los hijos vivan en otras ciudades que la de sus padres.
2. Podemos encontrar familias compuestas por abuelos, padres e hijos en la misma casa.
3. Cuando los mexicanos viven lejos de su familia, acostumbran a llamar por teléfono a su familia varias veces por semana.

2. ¿Por qué podemos afirmar que la familia mexicana es de tipo tradicional?

Reflexiona
A continuación encontrarás algunos refranes sobre la familia. ¿Tienes algún equivalente en tu lengua?
- «Casa sin hijos, higuera sin higos».
- «De tal palo, tal astilla».
- «El casado casa quiere».
- «Cuando de casa estamos lejos, más la recordamos».
- «Lo que con tus padres hagas con tus hijos lo pagas».

▶▶ La familia mexicana

✔ La familia nuclear en México está compuesta por 4,5 miembros en promedio: padre, madre y entre dos y tres hijos por pareja. El 81 % de las familias están encabezadas por un hombre y el 19 % por mujeres, es decir, la estructura de matrimonio con hijos domina la sociedad mexicana. Los hijos, en un 80 %, viven en el mismo pueblo o en la ciudad que sus padres, esto es una muestra de la unidad familiar mexicana.

✔ Hay un 59,5 % de familias en las que conviven en la misma casa tres generaciones (abuelos, padres e hijos), en un 32,7 % de los hogares viven dos generaciones (padres e hijos) y solo el 5,7 % es una pareja. La mitad de los hijos y dos terceras partes de las hijas que no viven en la casa de sus padres se comunican con ellos, al menos telefónicamente, más de tres veces por semana.

✔ La incorporación de las mujeres casadas y con hijos a la vida laboral es un reto. El 62,6 % de las personas opinan que la mujer no debe trabajar fuera de casa mientras tiene niños pequeños; entre la población urbana, esta opinión baja al 48 %.

(Fuente: Ariza, Marina, y Orlandina de Oliveira (2004). *Imágenes de la familia en el cambio de siglo*. México: Instituto de Investigaciones Sociales, UNAM).

Módulo 2

▶▶ La educación

✓ **La educación básica** (conformada por **preescolar**, **primaria** y **secundaria**) es obligatoria e impartida por el Estado (federación, estados, Distrito Federal y municipios), bajo los términos del Artículo 3.º de la Constitución Política de los Estados Unidos Mexicanos.

El Artículo 3.º en el cual se declara que la educación prescolar, primaria y secundaria debe ser obligatoria, gratuita y laica, es decir, ajena a cualquier doctrina religiosa, con lo cual se garantiza la libertad de cultos en todo el territorio nacional.

Prepárate
¿En tu país es obligatoria y gratuita la educación? ¿Hasta qué edad?

12 años de escolaridad obligatoria		
Educación básica		
Educación inicial o preescolar	Educación primaria	Educación secundaria
3, 4, 5 (años)	6, 7, 8, 9, 10, 11	12, 13, 14
Es el servicio educativo que se brinda a niñas y niños menores de seis años de edad. La educación inicial es un derecho.	Servicio educativo a partir de los seis años de edad, para que tengan conocimientos fundamentales: enseñar a leer, escribir, cálculo básico y conceptos culturales.	Tiene como objetivo capacitar al alumno para continuar sus estudios superiores o bien para incorporarse al mundo laboral. Debe preparar para el bachillerato o preparatoria; y formar la personalidad de los jóvenes.

✓ **La Educación Media Superior** es el periodo de estudio de tres años por el que se adquieren competencias académicas medias para poder ingresar en la educación superior. Se le conoce como **bachillerato** o **preparatoria**. Algunas se dividen en general, técnica y profesional. Además existen las preparatorias técnicas y las preparatorias abiertas (no presenciales), todas sin excepción deben estar incorporadas directa o indirectamente a la SEP (**Secretaría de Educación Pública**) y algunas, además, también dependen de alguna universidad autónoma de la región donde se ubica la escuela.

Reflexiona
¿En qué se parece el sistema educativo mexicano al de tu país?

México hoy

Actúa

1. Completa el siguiente esquema sobre la educación en México con la información que falta:

SUPERIOR
Hay universidades .... y ....

MEDIA SUPERIOR
Se conoce como bachillerato o .... y tiene áreas de especialidad. Existen de tipo general, ... y abiertas.

SECUNDARIA
Permite formar la personalidad de ....

PRIMARIA
Inicia a los .... años y termina a los 5.

2. Completa los espacios vacíos.

	8 7	Doctorado		
	6	Maestría		
	5	Especialidad		
	4 3	Licenciatura		
	2 1	Técnico Superior Universitario		
OBLIGATORIA	Preparatoria	General	....	Profesional
	Secundaria	De los 12 a los 14 años		
	Primaria	De los 6 a los .... años		
	Educación preescolar	De los 4 a los 5 años		

✓ **La educación superior** (licenciatura, maestría y doctorado) se caracteriza por una gran diversidad de centros, cuya organización y condiciones de admisión varían en función del tipo de establecimiento y del objeto de la enseñanza impartida. Estas son algunas opciones para hacer estudios superiores en México:

- Universidades públicas y privadas que pueden ofrecer todos los niveles superiores.
- Institutos politécnicos que ofrecen ingenierías.
- Universidades pedagógicas para formar profesores.
- Universidades tecnológicas que ofrecen el título de Técnico Superior Universitario.
- Escuela Nacional de Antropología e Historia (ENAH), conservación, restauración, museografía para todos los niveles superiores.
- Escuela de artes plásticas, cine, danza, música, teatro, etc., para todos los niveles superiores.

(Fuentes: Sitio oficial de la Secretaría de Educación Pública: http://www.sep.gob.mx).

Universidad Autónoma de México

Aclara tus dudas

Conoce la Universidad Nacional Autónoma de México en la siguiente página de Internet: http://www.unam.mx/

México 21

Módulo 2

▶▶ La economía

✔ La economía mexicana se sustenta en el petróleo, en las remesas de los emigrantes mexicanos que laboran en el exterior, principalmente en Estados Unidos, en el turismo y en una intensa actividad industrial, minera y agrícola.

✔ Se basa, principalmente, en el mercado libre orientado a las exportaciones. Es la 2.ª potencia económica más grande de América Latina, y es la 3.ª economía (PPA) de mayor tamaño de toda América.

✔ México es el país con más tratados internacionales de libre comercio firmados en el mundo. Sin embargo, Estados Unidos continúa siendo su principal mercado de exportación e importación. Los productos de mayor exportación mexicana son el petróleo, maquinaria, textiles, café, productos químicos, entre otros.

✔ El ingreso per cápita del mexicano, según datos del Fondo Monetario Internacional de 2012, fue de 10 514 dólares anuales. La moneda oficial es el peso mexicano.

(Fuente: http://es.wikipedia.org/wiki/Paises_por_PIB_(nominal)_per_capita).

Vista de la Avenida Reforma de la capital mexicana

Prepárate
¿Sabes qué productos sustentan la economía de tu país?

Actúa
Lee los siguientes textos. ¿Qué título le darías a cada uno de ellos? Estas son algunas ideas:

México y el futuro
Los tratados económicos
Reformas económicas

México tiene una economía de libre mercado. Integra una mezcla de industria moderna y pasada de moda en la agricultura, cada vez más dominada por el sector privado.

Los gobiernos recientes han expandido la competencia en puertos marítimos, ferrocarriles, telecomunicaciones, generación de electricidad, distribución de gas natural y en aeropuertos.

El ingreso per cápita es aproximadamente un tercio de los EE. UU. y la distribución del ingreso sigue siendo muy desigual. Desde la implementación del Tratado de Libre Comercio (TLC) en 1994, las exportaciones de México a EE. UU. han aumentado del 7 % al 12 %, y a Canadá se ha duplicado hasta el 5 %.

México tiene acuerdos de libre comercio con más de 50 países, entre ellos, Guatemala, Honduras, El Salvador, la Asociación Europea de Libre Comercio y Japón.

La administración mexicana sigue haciendo frente a muchos desafíos económicos, incluida la mejora del sistema de educación pública, de la infraestructura, la modernización de las leyes laborales, y el fomento de la inversión privada en el sector de la energía. Las prioridades económicas principales siguen siendo la reducción de la pobreza y la creación de puestos de trabajo.

México hoy

Prepárate
¿Sabes quién es el presidente del gobierno actual de México y cuál es su partido?

El nuevo presidente mexicano siendo investido el 1 de diciembre de 2012

Actúa
¿Cuáles son los beneficios de la Constitución mexicana? Señala con una marca:

a. Establece la soberanía. ____✓____

b. Otorga el derecho a todos los mexicanos de cambiar las leyes. _____

c. Defiende el derecho a la igualdad, la salud, el trabajo, la armonía familiar. _____

d. Defiende el derecho a la vida, a decidir el número de hijos, a la educación, entre otros. _____

Aclara tus dudas
Visita la web de Edelsa > Zona Estudiante > México y pulsa el enlace 4. Conoce la transición política mexicana.

▶▶ La política

✔ El máximo ordenamiento jurídico de México se encuentra en la **Constitución Política de los Estados Unidos Mexicanos** (1917) que establece que la soberanía nacional se encuentra en todos los mexicanos, quienes además tienen derecho de modificar la forma de su gobierno.

✔ Divide al gobierno en tres poderes: el Legislativo, el Ejecutivo y el Judicial.

- **El poder Legislativo** se encarga de elaborar las leyes del país. Se encuentra en un Congreso General que se divide en dos Cámaras, una de Diputados y otra de Senadores.
- **La Cámara de Diputados** se conforma por un total de 500 diputados elegidos de forma proporcional a la población por los 31 estados y al Distrito Federal.
- **La Cámara de Senadores** cuenta con 128 miembros (tres senadores por cada una de las 32 entidades federativas y el resto asignados según el principio de representación proporcional).
- **El poder Judicial** está encargado de vigilar que la Constitución se cumpla. Se realiza en una Suprema Corte de Justicia, en un Tribunal Electoral, en Tribunales Colegiados y en Juzgados de Distrito.
- **El presidente de la República** ejerce el poder Ejecutivo y tiene que gobernar de acuerdo con lo que dicen las leyes. La elección del presidente es directa y comienza a ejercer su encargo el 1 de diciembre y dura en él seis años.

✔ La Constitución mexicana nos otorga medios para defender los derechos fundamentales que le corresponden a todo ser humano, como el derecho a la vida, a la libertad, a la igualdad, a la propiedad, a la seguridad jurídica, así como el derecho a la salud, a la educación, al trabajo y a decidir el número de hijos, entre otros.

(Fuentes:
Página oficial del Instituto Federal Electoral (IFE): http://normateca.ife.org.mx/internet/principal/normatividad.asp#).

Logotipos de los partidos mexicanos:

Módulo 2

La religión

✔ La religión católica en México representa actualmente el culto más importante y extendido del país. En 1524, llegaron a la «Nueva España» (antes México-Tenochtitlan) un grupo de doce frailes; veinte años después, ya había un centenar de misioneros dispersos en los territorios recién conquistados con el objetivo de implantar la fe cristiana. Estas misiones de evangelización reunieron a los indígenas en nuevas poblaciones, levantaron conventos, capillas e iglesias, construyeron caminos, crearon hospitales y escuelas donde se enseñaban diversos oficios. Para alcanzar su propósito, también destruyeron imágenes, libros indígenas (códices) y persiguieron a aquellos que seguían practicando el culto a sus dioses. En poco más de cuarenta años, lograron transformar la mentalidad de millones de indígenas quienes, convertidos al cristianismo, crearon la mayor nación católica de su tiempo.

Prepárate

Observa la siguiente gráfica y responde a la pregunta: ¿Qué tan religiosos son los mexicanos?

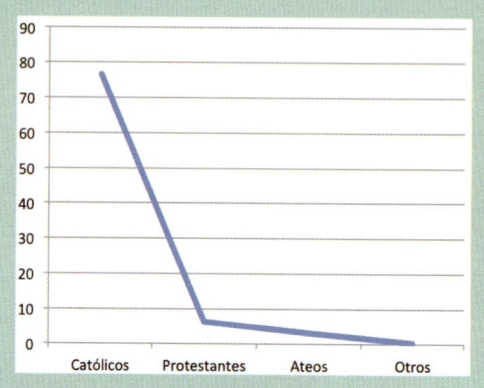

Actúa

1. La evangelización trajo cosas positivas y negativas a México. Busca la información en el texto y completa el siguiente cuadro.

Cosas positivas	Cosas negativas
• Crearon hospitales	

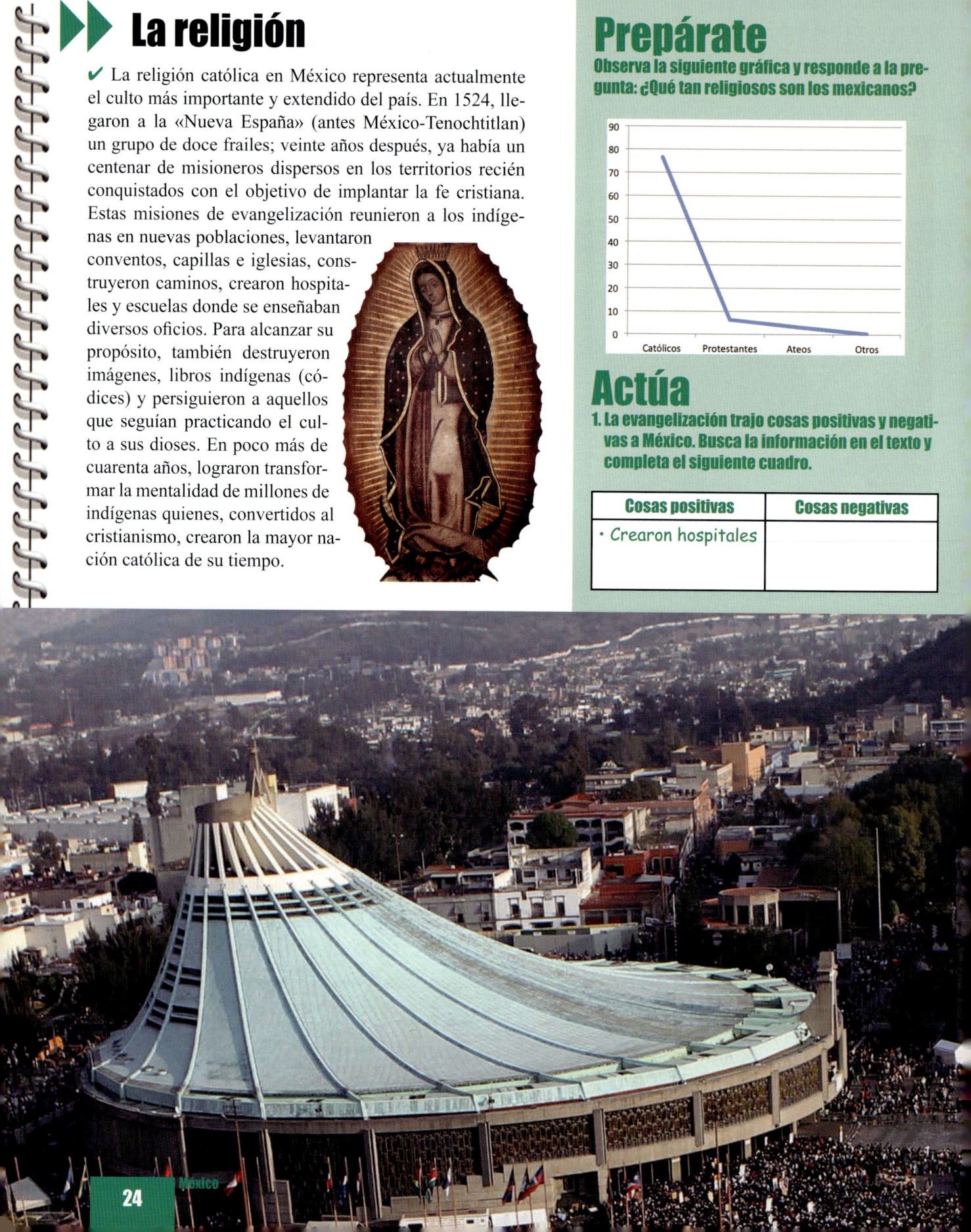

México hoy

2. Ordena la historia de la aparición de la virgen de Guadalupe.

☐ Juan Diego puso en su ayate unas rosas que cortó en el cerro del Tepeyac como se lo pidió la aparición.

☐ La aparición ordenó a Juan Diego visitar al obispo.

☐ Cuando Juan Diego mostró su ayate al obispo, dejó al descubierto la imagen de una virgen morena con rasgos indígenas.

Reflexiona
¿Por qué la Virgen se ha convertido en un rasgo de identidad nacional? ¿Qué pistas te da el texto?

Aclara tus dudas
Se dice que en los ojos de la Virgen aparecen algunas figuras. Ve a http://www.youtube.com/watch?v=9KC5oy00hk0&feature=related

✔ México es guadalupano, la imagen de la Virgen morena fue la primera bandera, utilizada por Miguel Hidalgo, para dar inicio a la lucha por la independencia. Hoy en día encontramos su imagen en postales, camisetas, gorras, plumas y hasta en tatuajes.

✔ De acuerdo con las creencias católicas, la Virgen de Guadalupe se apareció cuatro veces a Juan Diego en el cerro del Tepeyac (en la ahora Ciudad de México). Tras una cuarta aparición, la Virgen ordenó a Juan Diego que se presentara ante el primer obispo de México, Juan de Zumárraga. Juan Diego llevó en su ayate (tela de hilo de maguey, un tipo de cactus) unas rosas que cortó en el Tepeyac, según la orden de la Virgen. Juan Diego mostró su ayate ante el obispo Juan de Zumárraga, dejando al descubierto la imagen de Santa María, morena y con rasgos indígenas. Hoy es posible ver esta imagen en la Basílica de Guadalupe de la Ciudad de México. Según se dice, en sus ojos está impresa la imagen de Juan Diego. Misterio o no, para los mexicanos es milagrosa y cada 12 de diciembre recibe a miles de fieles peregrinos que llegan hasta este lugar para acompañar a la Virgen en su cumpleaños y cantarle las mañanitas (canción típica mexicana para celebrar los cumpleaños).

Atrio de las Américas, explanada donde se encuentran las dos basílicas de Guadalupe, la antigua y la nueva.

Módulo 2

▶▶ ¿Cómo son los mexicanos?

✔ La amabilidad es muy importante. Puede sorprenderse que algunas personas se abracen o se besen en la mejilla cuando se presentan aun cuando no se conocen. En México esta es una forma común de saludar.

✔ La comunicación tiende a ser indirecta y sutil. La cortesía se demuestra al ser diplomático y a veces puede parecer redundante. «Decorar» la realidad es común en México y se hace con el fin de complacer y no ofender a las personas. Muchas personas tienden a decir lo que piensan que quiere oír el otro. La comunicación es más la forma que el contenido. Esta manera indirecta de comunicarse se percibe fuera de México como desorganizada en el mejor de los casos y, en el peor, como evasiva y a menudo confusa.

✔ La gente es muy sensible al hecho de dar y recibir críticas, así como opiniones terminantes. La crítica directa, especialmente en público, puede apenar a la otra persona.

✔ Los mexicanos tienen una manera flexible de entender el tiempo:
- «Mañana» puede significar «no hoy», sin embargo, también puede significar «la siguiente semana».
- Lo que pasa ahora es más importante que lo que pasará en el futuro. Esto puede implicar retrasos y cancelaciones con muy poca anticipación. Los intereses personales tienen mayor importancia que las citas. Asimismo, puede existir una cita que termine retrasando otra.
- Por otra parte, es importante ser puntual y también estar preparado para esperar. Sin importar lo tarde que llegue el cliente, hay que presentar una actitud genuinamente agradable y comenzar con una discusión social.

✔ No es muy común utilizar *shorts* o ropa informal. El vestirse y arreglarse adecuadamente son símbolos de estatus y de estética que son muy importantes, sobre todo en el trabajo.

✔ Las jerarquías dentro de la sociedad mexicana dependen de muchos factores: estatus social, profesión, etnia y género.

Niña maya

Indígenas, Chiapas

Actúa
Lee los seis textos sobre el carácter de los mexicanos e identifica el tema entre estas posibilidades:
Tiempo - Amabilidad - Saludos cordiales - Tradición - Comunicación - Estructura social.

Aclara tus dudas
Visita la web de Edelsa > Zona Estudiante > México y pulsa en el enlace 5. Conocerás el «orgullo mexicano».

México hoy

Mariachi e indígena

DIPLOMAS DE ESPAÑOL COMO LENGUA EXTRANJERA

INTERCULTURALIDAD

Somos todos iguales, somos todos diferentes.

- Recopila toda la información que has ido preparando sobre la población de tu país:
  - Población y minoría de tu país.
  - La familia en tu país.
  - El sistema educativo.
  - El carácter.

- Prepara un informe sobre tu país (economía, política, sociedad).

- Haz una presentación sobre tu país y compáralo con México. Tienes 2 minutos.

Módulo 3

México
28

México indígena

Prepárate

~ ¿Qué sabes de las culturas precolombinas?
~ ¿Sabes quiénes eran los aztecas?
~ ¿Y los mayas?
~ ¿Qué crees que quiere decir el nombre *Mesoamérica*?

Monumento a la fundación de Tenochtitlan

Módulo 3

Mesoamérica territorial

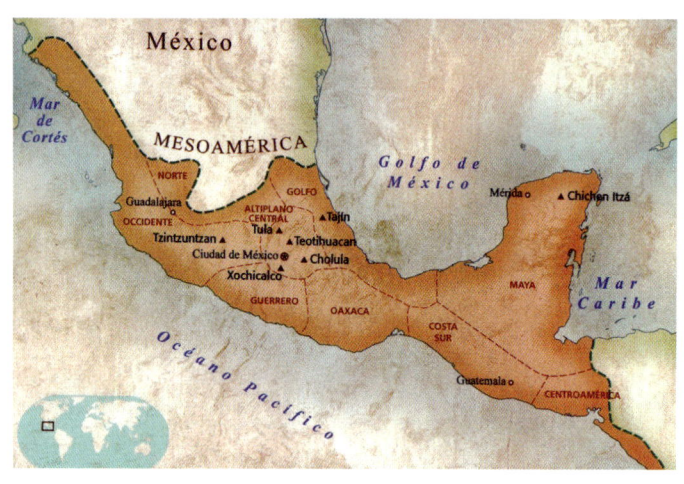

El área marrón indica la región de Mesoamérica

✔ Se conoce como *Mesoamérica* a una amplia zona (donde se instalaron distintos pueblos, como el de los grupos toltecas y olmecas, así como el de grandes imperios, como el de Teotihuacán, el de México-Tenochtitlan o aztecas y el de los mayas) que abarca, por el norte, una franja que va desde el estado mexicano de Nayarit hasta el sur de Tamaulipas y que se extiende, hacia el sur, hasta Nicaragua, pasando por Guatemala, Belice, El Salvador y Honduras.

✔ Su población es de diferente origen y hablan distinta lengua. Llegaron al territorio también en diferentes épocas. Esto hace que cada pueblo conserve sus propias particularidades culturales, pero entre sí se encuentran vinculados por tener una alimentación basada en el maíz (1), el chile (2) y la calabaza (3); por compartir una tradición religiosa politeísta representada por dioses antropomorfos asociados a los fenómenos naturales y a los astros, como el sol y la luna; por haber construido pirámides como centros ceremoniales; realizar sacrificios humanos; y tener una historia común basada en intereses compartidos por sus gobernantes, en el dominio de unas sociedades sobre otras, en las guerras y en las alianzas.

(Fuente: *Historia general de México*, vol. 1 México: COLMEX, 1994. Pg. 83-123).

Prepárate

¿Sabes a qué se refiere la expresión «México indígena»?

Actúa

1. Relaciona las palabras con su significado.

1. Alianzas   a. Con forma de hombre.
2. Antropomorfo   b. Grano grueso y amarillo muy nutritivo originario de América.
3. Calabaza   c. Conjunto de personas que habitan un lugar.
4. Chile   d. Condimento picante empleado en la cocina mexicana.
5. Franja   e. Fruto de la planta anaranjada con muchas semillas comestibles.
6. Maíz   f. Acuerdo o pacto entre personas.
7. Población   g. Parte alargada de un territorio.

2. Al hablar de Mesoamérica, nos referimos a la franja que va...
a) del norte al sur de México.
b) de Nayarit, México, hasta Centroamérica.
c) del estado de Nayarit a Guatemala.

3. Responde, ¿verdadero o falso?   V   F
1. Mesoamérica es un área territorial que abarca varios países americanos.
2. Todos estos lugares comparten tradiciones.
3. Los pueblos mesoamericanos comparten una alimentación basada en el maíz.

Aclara tus dudas

Para conocer más sobre este tema, consulta la siguiente página de Internet:
http://www.islamchile.com/islam/aztecas.htm

México indígena

Prepárate
¿Sabes lo que es la *obsidiana*?

Actúa
Responde, ¿verdadero o falso?

	V	F
1. La cultura teotihuacana se desarrolló gracias a sus plantas y minerales.	☐	☐
2. Comían carne de animales, además de los alimentos básicos.	☐	☐
3. Sus principales pirámides estuvieron dedicadas a sus dioses.	☐	☐
4. Su forma de vida se centraba en el campo.	☐	☐
5. El pueblo tolteca es descendiente de los teotihuacanos.	☐	☐

Dios Tlápec, Teotihuacán

Reflexiona
¿Conoces otra cultura parecida a la teotihuacana? ¿Dónde se desarrolló?

Aclara tus dudas...
Para conocer más sobre este tema, consulta las siguientes páginas de Internet:

http://turismo.edomex.gob.mx/turismo/htm/html/teotihuacan-historia.html

http://www.youtube.com/watch?feature=player_embedded&v=N8IzmWX5frc

▶▶ La cultura teotihuacana

✔ Considerada como un centro de poder en el periodo clásico, se desarrolló en la cuenca de México gracias a su potencial agrícola y a los trabajos con obsidiana, que eran exportados a muchos lugares de Mesoamérica.

✔ Tuvo una sociedad de clases: gobernantes, artesanos y especialistas campesinos. Se alimentaban de maíz, frijol, calabaza y chile, además de conejo, venado y perro doméstico. Su religión fue politeísta y su dios principal era Quetzalcóatl. El arte teotihuacano exalta la ofrenda de corazones humanos a los dioses.

✔ Construyeron grandes plazas, habitaciones para los sacerdotes, una calle principal, conocida como Calzada de los Muertos, y grandes pirámides dedicadas al Sol, a la Luna y a Quetzalcóatl.

✔ Teotihuacán, que significa «lugar donde habitan los dioses», fue el eje que marcó una forma de vida centrada en el espacio y el culto religioso resultado de una sociedad centralizada.

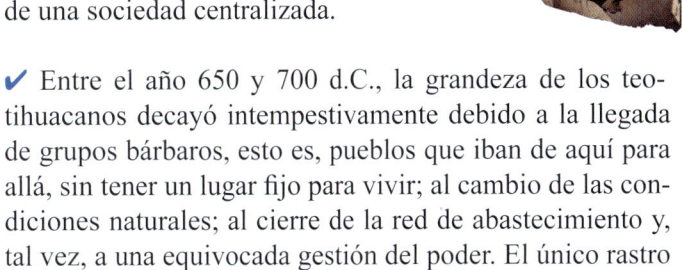

✔ Entre el año 650 y 700 d.C., la grandeza de los teotihuacanos decayó intempestivamente debido a la llegada de grupos bárbaros, esto es, pueblos que iban de aquí para allá, sin tener un lugar fijo para vivir; al cambio de las condiciones naturales; al cierre de la red de abastecimiento y, tal vez, a una equivocada gestión del poder. El único rastro de su cultura está en los toltecas, los cuales conservaron muchos de sus rasgos y se consideraban sus descendientes.

(Fuente: López Austin, Alfredo (1996). *Temas Mesoamericanos*, México: INAH-CONACULTA).

Ruinas de Teotihuacán

Módulo 3

La cultura mexica o azteca

Recreación ideal de la ciudad de Tenochtitlan por Diego Rivera

✔ Procedentes del norte de México, del mítico Aztlán o «lugar de las garzas», los mexicas construyeron la ciudad de Tenochtitlan, dando así origen al imperio azteca. Según cuenta la leyenda, el dios Huitzilopochtli les indicó el lugar cuando vieron a un águila sobre un nopal devorando una serpiente.

Dios Huitzilopochtli

✔ Más adelante, varios pueblos cayeron ante su fuerza guerrera y se sometieron a su cultura. Con el paso del tiempo, también se fueron relacionando con otros pueblos con el objeto de intercambiar sus productos, lo que dio origen a la triple alianza entre Tenochtitlan, Tlatelolco y el vecino Tlacopán.

✔ Entre 1360 y 1420, los mexicas tuvieron una gran expansión gracias a su poderío militar, ocuparon regiones ricas en minerales, pesca y agricultura y mantuvieron guarniciones para evitar levantamientos de pueblos vasallos. Establecie-

Prepárate
Relaciona.

1. Mítico   a. Dominar
2. Guarnición   b. Quien adora muchos dioses
3. Estratificar   c. Colocar en capas
4. Politeísta   d. Desarrollarse
5. Someter   e. Legendario
6. Gestar   f. La tropa que protege una ciudad

Actúa
Responder, ¿verdadero o falso?

                                V   F

1. Aztlán significa «lugar de las garzas». ☐ ☐
2. El tlatoani era su rey o emperador. ☐ ☐
3. Los mexicas adoraban a los dioses teotihuacanos. ☐ ☐
4. Bernal Díaz del Castillo fue un soldado mexica. ☐ ☐
5. La enfermedad fue una de las causas de la caída de los mexicas. ☐ ☐

Reflexiona
¿Sabes en dónde aparece la imagen de un águila sobre un nopal devorando una serpiente?

México indígena

...ron una sociedad estratificada y piramidal gobernada por un Tlatoani, «el que tiene voz». Los mexicas adoptaron una religión politeísta y adoraron los cuatro elementos: el sol, el agua, la tierra y el viento.

✔ El centro de su poder, Tenochtitlan, fue una maravillosa ciudad. Bernal Díaz del Castillo, uno de los conquistadores españoles, al ver su grandeza, dijo que solo Constantinopla (Estambul) podía compararse con la ciudad de Moctezuma, el emperador azteca cuando llegaron los españoles.

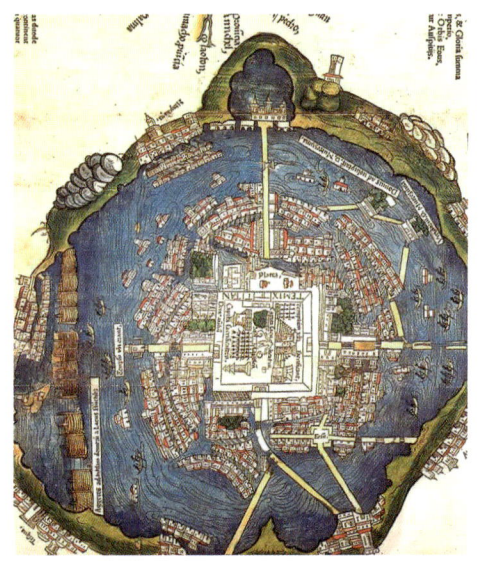

Mapa de Tenochtitlan en la época de Moctezuma, cuando llegaron los españoles.

✔ En 1521, cuando llegaron los españoles, el descontento de los pueblos sometidos por los mexicas, las enfermedades y el fatalismo religioso provocaron la caída de la gran Tenochtitlan.

Calendario Solar

Aclara tus dudas
Para conocer más sobre este tema, consulta la siguiente página de Internet:
http://es.wikipedia.org/wiki/Mexica#Llegada_a_la_Cuenca_de_M.C3.A9xico

Batalla de Tenochtitlan

México 33

Módulo 3

La cultura maya

✔ La cultura maya se desarrolló en distintos entornos geográficos de Campeche, Chiapas, Yucatán, Quintana Roo, Guatemala, Belice, El Salvador, Honduras, Nicaragua y Costa Rica.

✔ Fueron muy desarrollados en la escritura, las matemáticas y la observación de los astros. Construyeron majestuosas ciudades con grandes templos y pirámides que dan la impresión de una época de gran prosperidad socioeconómica. El comercio mediante trueque fue su actividad económica principal: obsidiana, jade, conchas marinas, cacao, miel de abeja, sal, pescados, ámbar, madera, plumas de quetzal y pieles de venado.

✔ Tuvieron una sociedad con una estructura piramidal: en el primer nivel, gobernantes y sacerdotes; en el segundo, funcionarios, guerreros, mercaderes, arquitectos, artesanos y artistas; y, en el tercero, los campesinos, cargadores, trabajadores de mantenimiento y servidumbre.

✔ Sus dioses tenían características humanas, animales y fantásticas, y no se pueden calificar de buenos o malos, eran dioses ambivalentes. Los mayas se caracterizan por el gran desarrollo científico que alcanzaron en su sistema numérico vigesimal. Descubrieron el 0 y tuvieron un calendario muy elaborado.

Pirámide de Chichén Itzá

(Fuente: Adams, Richard E.W. (comp.) *Los orígenes de la civilización maya*. México, FCE, 1994).

Prepárate

¿Sabes dónde está la península de Yucatán?
¿Has oído hablar de los mayas?
¿Conoces la leyenda del *Popol Vuh*?

Actúa

Responde a las siguientes preguntas:
1. ¿Qué caracteriza la cultura maya?
2. ¿En qué países se desarrolló la cultura maya?
3. ¿Qué características tuvo la sociedad maya?
4. ¿Qué legados culturales conservamos de los mayas?
5. ¿Cómo eran sus dioses?

Reflexiona

¿Qué diferencia existe entre la alimentación de los mayas y las de las otras culturas prehispánicas estudiadas?

Aclara tus dudas

Para conocer más sobre este tema, consulta la siguiente página de Internet:

http://www.youtube.com/watch?feature=player_embedded&v=nnrb6HySIrM

México indígena

✔ Los lugares mayas que hoy puedes observar en México son:
- Chichén Itzá, centro religioso y comercial.
- Palenque, que muestra los grandes avances en astronomía.
- Tulum, junto a la playa.
- Uxmal, considerada la ciudad maya más bella.

Ruinas de Tulum

El observatorio, Chichén Itzá

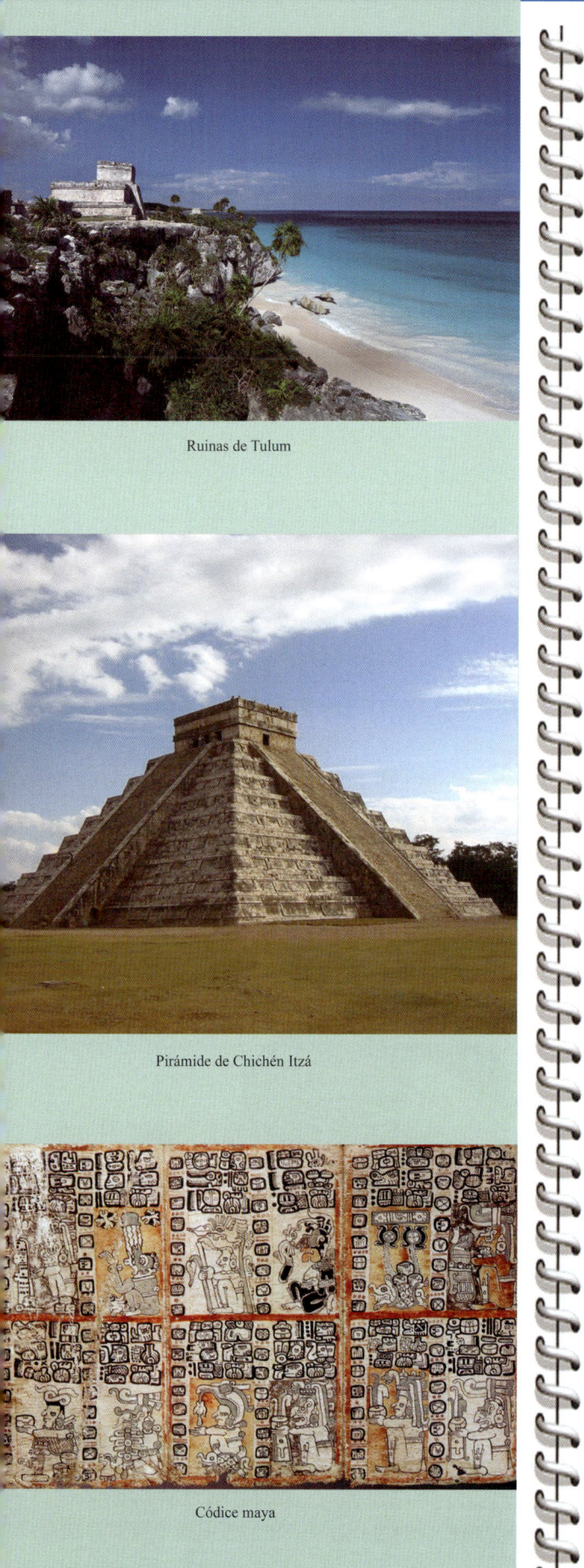

Pirámide de Chichén Itzá

Códice maya

DIPLOMAS DE ESPAÑOL COMO LENGUA EXTRANJERA

INTERCULTURALIDAD

Somos todos iguales, somos todos diferentes.

≈ ¿Cuáles son las culturas originarias de tu país?

≈ ¿Qué creencias y costumbres tenían?

≈ ¿Qué queda de esas culturas en tu país hoy?

≈ Haz una presentación. Tienes 2 minutos.

México 35

Módulo 4

Mural de Julio Carrasco Bretón. *Batalla de Puebla*

México mestizo

Hernán Cortés y el emperador Moctezuma II

Prepárate

~ ¿Por qué crees que se habla de México mestizo?
~ ¿A qué crees que se refiere la frase «Encuentro de dos mundos»?
~ ¿Qué sabes de la historia de México?
~ ¿Has oído hablar de la Revolución mexicana, de Pancho Villa, Madero o de Carranza?

Módulo 4

Encuentro de dos mundos

✔ El encuentro entre dos mundos, el Viejo Mundo (Europa, Asia y África) y el Nuevo Mundo, llamado primero *Indias Occidentales* y, posteriormente, *América*, se dio el 12 de octubre de 1492, en el momento en que los tres barcos de Cristóbal Colón, *La Pinta, La Niña* y *La Santa María,* llegaron a la isla Guanahani, que los españoles llamaron *San Salvador*.

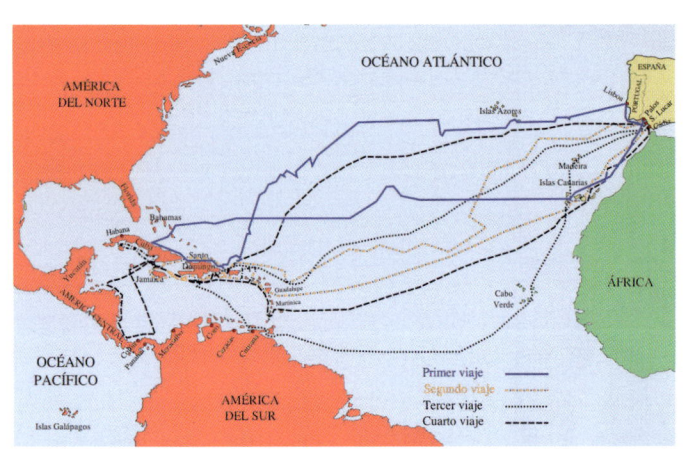

Los viajes de Colón a América

✔ Los españoles comenzaron a navegar hacia diferentes puntos del continente con lo que se inició la conquista de Mesoamérica. El principal conquistador de México fue Hernán Cortés.

✔ Hernán Cortés, después de recorrer el territorio mexicano y de aliarse con grupos indígenas, como los tlaxcaltecas, llegó a México-Tenochtitlan, donde fue recibido cordialmente por Moctezuma y su corte. Dos años después, detuvo a Moctezuma. Esta situación provocó varios enfrentamientos entre españoles e indígenas. En una revuelta de 1520, Moctezuma intentó calmar a los suyos, pero le lanzaron una piedra y murió. Después de tres meses de sitio, el 13 de agosto de 1521, al tomar como prisionero a Cuauhtémoc (hermano de Moctezuma y último emperador azteca), cayó México-Tenochtitlan en poder definitivo de los españoles. Cortés venció gracias al numeroso ejército que formó con sus aliados indígenas.

✔ Con la conquista se inicia la hispanización: poco a poco, se imponen el uso del castellano, la religión católica, el sistema jurídico, la economía de mercado, las costumbres y formas de pensar españolas. El resultado es la creación de un país mestizo, multiétnico y multicultural llamado *Nueva España* durante los tres siglos de dominación y *México*, después de la Independencia.

(Fuente: Centro de Estudios Históricos (2000). *Historia general de México*).

Actúa

1. Según el mapa, ¿cuántos viajes realizó Colón a América?

2. De las siguientes enunciaciones, ¿cuáles son verdaderas y cuáles falsas?   V   F
   a. 1492 marca el inicio de la conquista de América.
   b. Cristóbal Colón llegó a una isla del océano Atlántico.
   c. Hernán Cortés venció a los mexicas.
   d. Moctezuma se portó agresivamente con Hernán Cortés.
   e. En la conquista de México solo participaron los españoles.
   f. La hispanización creó un país multicultural y multiétnico.

Reflexiona

¿Cuáles fueron las ventajas y las desventajas de la conquista de México?

La jura de Hernán Cortés, de Juan Emilio Hernández Giro

Aclara tus dudas

Para conocer más sobre este tema, consulta las siguientes páginas de Internet.
http://es.wikipedia.org/wiki/Conquista_de_México
http://www.youtube.com/watch?v=WRQLE2qg5GO&feature=player_embedded

México mestizo

Prepárate
¿Sabes qué pasó en México después de la llegada de los españoles?

Actúa
Contesta:
1. ¿A qué territorio se le llama *Nueva España*?
2. ¿Qué nombre se dio a los naturales de México?
3. ¿Quién fue el primer virrey de la Nueva España?

Regimiento de Lanceros de Medialuna, de San Miguel El Grande, 1771

Reflexiona
¿Qué piensas que ocasionó la presencia de castas sociales en Nueva España?

Aclara tus dudas
Para conocer más sobre este tema, consulta las siguientes páginas de Internet.
http://www.youtube.com/watch?v=MIIlmqr4ggM
http://www.youtube.com/watch?v=5F73SHEQvNA

▶▶ Época virreinal

✔ Una vez destruido el imperio azteca, la conquista española se fue extendiendo por toda Mesoamérica, incluidas las regiones del norte de México.

✔ El sistema de gobierno del virreinato de Nueva España duró tres siglos y terminó con la independencia de México.

✔ El virrey, representante directo del rey español, tenía atribuciones políticas, administrativas, militares y financieras, lo que hacía que su poder fuera ilimitado. En 1535 llegó a México el primer virrey, don Antonio de Mendoza, al que siguieron 62 más. El último virrey fue Juan O'Donojú y O'Ryan que participó en la firma del Acta de Independencia del Imperio Mexicano.

✔ Durante el virreinato hubo profundas desigualdades sociales:
- A los hombres sometidos se les llamó *indios* o *indígenas* y se les utilizaba en calidad de esclavos para que realizaran infinidad de labores en las haciendas. Con frecuencia, realizaban actividades artesanales como medios de subsistencia. Los misioneros, que llegaron a Nueva España con la finalidad de evangelizar a los indígenas, siempre los defendieron ante los atropellos de sus amos.
- Los mestizos (formados de diferentes combinaciones raciales) eran un grupo numeroso que tenía mayor conciencia política.
- Los criollos, hijos de españoles nacidos en Nueva España, se dedicaban a la minería, al comercio y eran propietarios de tierras en el campo, las haciendas. En algunas ocasiones, eran abogados, sacerdotes o eran hombres letrados.
- Los españoles eran los menos y ocupaban los cargos más importantes de la sociedad. Vivían en la ciudad.

✔ Durante el virreinato, se fundaron la Casa de Moneda y la Real y Pontificia Universidad de México.

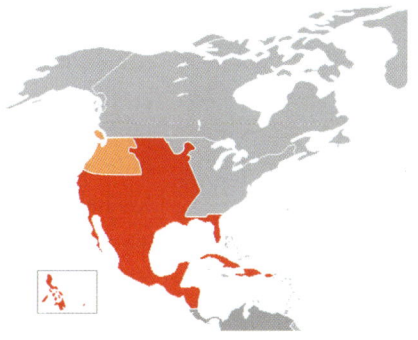

Zonas correspondientes al virreinato de Nueva España

(Fuente: Centro de Estudios Históricos (2000). *Historia general de México*).

México

Módulo 4

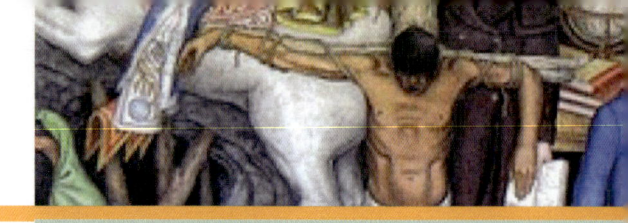

La independencia de México

✔ En 1808, Bonaparte invadió España. En ese momento, en Nueva España, el virrey José de Iturrigaray quiso independizarse de España mediante una junta de gobierno que él presidiría. Los leales a la monarquía española no lo permitieron, pero se formaron grupos de insurgentes o conspiradores en distintas ciudades. Todos ellos fueron descubiertos y detenidos, excepto los de la ciudad de Santiago de Querétaro que, al verse descubiertos, adelantaron sus planes a la madrugada del 16 de septiembre de 1810, la misma madrugada que un cura, Miguel Hidalgo, con la imagen de la Virgen de Guadalupe, convocó a campesinos e indígenas de Dolores (Guanajuato) a la rebelión (el Grito de Dolores) y dando así inicio a la guerra de independencia.

Don Miguel Hidalgo, de Jesús Helguera

✔ A los nueve meses, los jefes del ejército insurgente fueron capturados y ejecutados. Sin embargo, el movimiento continuó en manos de un nuevo líder, Morelos, que convocó a un congreso en la ciudad de Chilpancingo y allí se declaró México como una república independiente. Sin embargo, el congreso fue disuelto.

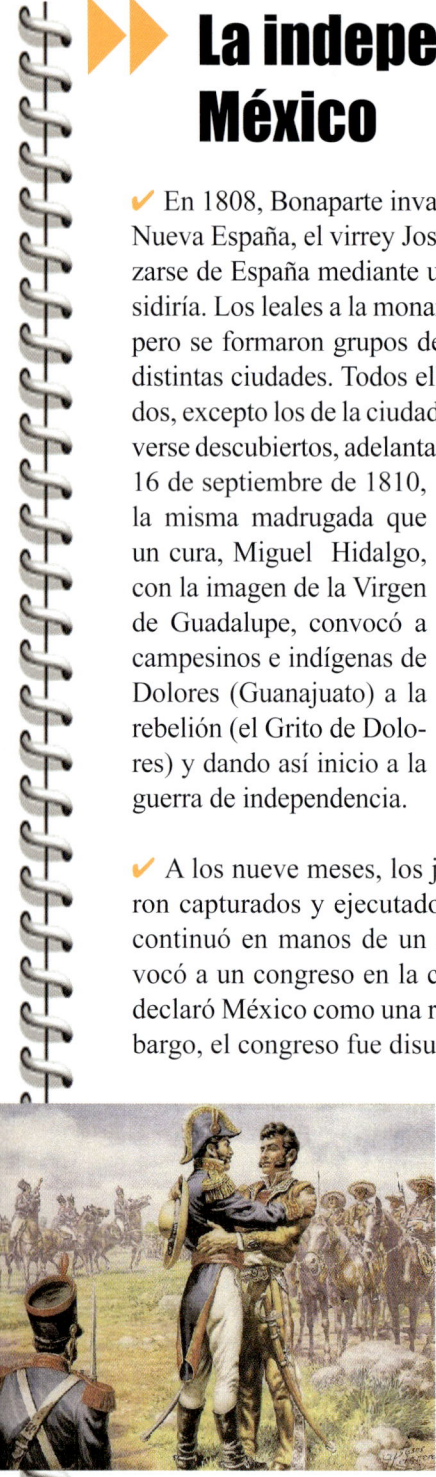

El abrazo de Acatempan por J. Helguera representa la alianza entre Iturbide y Guerrero

✔ En 1820, una nueva crisis política de España provocó que se aliaran Agustín de Iturbide, antiguo soldado realista, y Vicente Guerrero, uno de los líderes insurgentes. Ambos decidieron buscar la independencia bajo un ideario político contenido en el Plan de Iguala. Ese documento se planteaba la separación de la monarquía y la igualdad de todos los habitantes ante la ley. Los insurgentes entraron triunfantes en Ciudad de México el 27 de septiembre de 1821. Así se consumó la independencia del país que, de ahí en adelante, sería llamado *México*.

(Fuente: Centro de Estudios Históricos (2000). *Historia general de México*. México: El Colegio de México).

Prepárate
¿Sabes cuándo se celebra la Independencia de México?

Actúa
1. Clasifica los acontecimientos que explican los motivos de la independencia.

El reinado en España de Bonaparte.
Injusticias por las desigualdades sociales.
La guerra entre España e Inglaterra.
La invasión napoleónica a España.
La Revolución francesa.
Proclamación de la independencia de los Estados Unidos.
Resentimientos entre los españoles y los criollos.
Un descontento latente en la población.

Acontecimientos internos	Acontecimientos externos

2. Relaciona las palabras con su significado.

1. Madrugada
2. Iniciar
3. Acabar
4. Proceso
5. Junta
6. Leal
7. Insurgente
8. Monarquía
9. Imperio

a. Desarrollo de un suceso.
b. Territorio gobernado por un emperador.
c. Que se subleva contra la autoridad.
d. Forma de gobierno.
e. Primeras horas del día.
f. Reunión de personas.
g. Que es fiel.
h. Finalizar.
i. Empezar.

Reflexiona
¿Qué causó que México lograra su independencia?

Aclara tus dudas
Para conocer más sobre este tema, consulta las siguientes páginas de Internet.

http://www.monografias.com/trabajos12/hmetapas/hmetapas.shtml
http://es.wikipedia.org/wiki/Bicentenario_de_la_Independencia_Mexicana

México mestizo

Prepárate
¿En tu país ha habido invasiones extranjeras?

Actúa
Elige la opción adecuada.

1. México perdió la mitad de su territorio porque
a) Estados Unidos lo compró.
b) firmó el Tratado Guadalupe-Hidalgo.
c) no tenía un ejército organizado.

2. La conciencia nacional del mexicano surge por
a) la derrota recibida.
b) los dos grupos políticos.
c) el deseo de cambio.

3. Los conservadores se levantaron en armas por
a) las medidas tomadas por los liberales.
b) querer las Leyes de Reforma.
c) los bienes de la Iglesia.

4. La Leyes de Reforma se redactaron durante
a) las medidas tomadas por los liberales.
b) la lucha entre conservadores y liberales.
c) el cambio de gobierno.

5. La intervención francesa la provocó
a) la guerra con Estados Unidos.
b) la lucha entre conservadores y liberales.
c) no pagar la deuda a Francia.

6. Maximiliano de Habsburgo estuvo en México porque
a) lo invitaron los liberales.
b) lo envió el aliado de los conservadores.
c) lo ayudaron los franceses.

Aclara tus dudas
Para conocer más sobre este tema, consulta la siguiente página de Internet:

http://intervencionesextranjeras.blogspot.com/

▶▶ Invasiones extranjeras

✔ Estados Unidos quiso comprar Texas, donde estaban asentados colonos estadounidenses, pero el gobierno mexicano se negó a vender ese territorio. En 1846 entraron las tropas enemigas al territorio mexicano y lograron llegar a las afueras de la Ciudad de México en agosto de 1847. Los mexicanos ofrecieron resistencia en las batallas de Churubusco, Padierna y Molino del Rey y Chapultepec, pero, por la falta de organización, se abrió la puerta a los invasores. Esto ocasionó que México perdiera la mitad norte de su territorio después de firmar el Tratado de Guadalupe-Hidalgo en febrero de 1848.

✔ A partir de esta derrota, en el pueblo mexicano comenzó a forjarse una conciencia nacional, ya que para todos los mexicanos era necesario un cambio que fortaleciera la nación. Surgen dos grupos políticos: los conservadores que proponían el regreso a una época de orden y gobierno, y los liberales que proponían un gobierno civil fuerte que redujera el poder de la Iglesia, que estaba aliada con los conservadores.

✔ En las elecciones de 1867, salió elegido presidente de la república Benito Juárez, del grupo político de los liberales. En esa época, se suprimieron los privilegios a sacerdotes y militares, y se decretó la desamortización de los bienes de la Iglesia. La aplicación de estas medidas provocó que los conservadores se levantaran en armas en varios lugares del país. Estos enfrentamientos provocaron una sangrienta guerra que duró tres años, durante estos años se redactaron las Leyes de Reforma que pretendían la modernización del país según el modelo norteamericano.

✔ La situación económica del país obligó al presidente Benito Juárez a no pagar las deudas con sus acreedores extranjeros, lo que provocó que las armadas de Francia, España e Inglaterra desembarcaran en Veracruz. España e Inglaterra se retiraron después de negociar que México pagaría su deuda en cuanto la situación del país lo permitiera. Las tropas francesas se quedaron en Orizaba, pues su propósito era apoyar la instauración de una monarquía con un príncipe católico y extranjero, según lo deseaban los conservadores.

✔ Los franceses avanzaron hacia la capital, pero fueron derrotados en la batalla de Puebla y regresaron a Orizaba a esperar ayuda. Más tarde llegaron más tropas al mando del archiduque Fernando Maximiliano de Habsburgo, enviado por Francia, aliado de grupos conservadores mexicanos.

México

Módulo 4

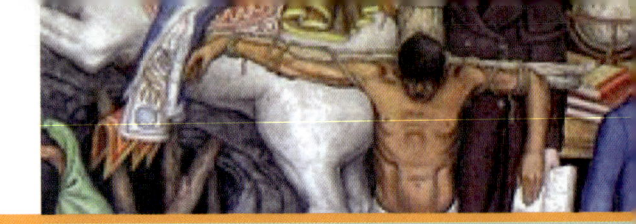

La Revolución mexicana

Prepárate
¿En tu país ha habido alguna guerra o revolución? ¿Qué sabes de esos eventos?

✔ En 1876, el general Porfirio Díaz tomó el poder y durante 34 años detentó el gobierno de forma dictatorial. Bajo el lema «paz, orden y progreso», se produjo una transformación profunda del país, con un alto desarrollo económico e industrial, pero los campesinos vivían en condiciones deplorables. La inconformidad de la población, respaldada por periódicos y por los nacientes partidos de oposición, comenzó a manifestarse. Es el inicio de la Revolución mexicana.

✔ Un joven líder político, Francisco Madero, propuso la creación de un partido político contrario a la reelección de Díaz en 1910. Madero fue encarcelado acusado de incitar a la rebelión y se reeligió a Porfirio Díaz. Madero se exilió y desde Estados Unidos llamó a levantarse en armas como protesta por la violación a la voluntad ciudadana en las elecciones presidenciales. Después de una serie de enfrentamientos en varias partes del país, los rebeldes vencieron y forzaron al gobierno a negociar su capitulación. Porfirio Díaz renunció a la presidencia y se expatrió.

✔ Madero llegó a la presidencia a finales de 1911, pero un golpe de Estado acabó con su vida y el gobierno. Subió al poder Victoriano Huerta. Como reacción, surgió el Ejército Constitucionalista, encabezado por Venustiano Carranza, cuyo propósito era restaurar la legalidad. Este ejército estuvo conformado por cuatro grandes divisiones: el Ejército del Noroeste encabezado por Álvaro Obregón, la División del Norte comandada por Francisco Villa (Pancho Villa), el Ejército del Noreste al mando de Pablo González y el Ejército Libertador del Sur dirigido por Emiliano Zapata. La consecuencia fue la renuncia y exilio de Huerta en 1914.

Retrato de Porfirio Díaz como presidente

Escena del lugar del asesinato de Madero (Hemeroteca Nacional)

Actúa

1. Marca verdadero o falso según el texto: V F
1. El México actual tiene su origen en la Revolución mexicana.
2. El campesino fue favorecido por el gobierno de Porfirio Díaz.
3. Francisco Madero propuso un partido en contra de Porfirio Díaz.
4. Porfirio Díaz cedió pacíficamente el poder a Francisco Madero.
5. Francisco Madero llegó a la presidencia por votación popular.

México mestizo

2. Organiza cronológicamente los siguientes sucesos.

- [ ] Francisco Madero propone un partido político en contra de la reelección.
- [ ] Firma de la Constitución de Querétaro.
- [ ] Madero es asesinado.
- [ ] En 1876, Porfirio Díaz toma el poder.
- [ ] El Ejército Libertador del Sur vence a Victoriano Huerta.
- [ ] Venustiano Carranza es nombrado presidente de México.
- [ ] Francisco Madero gobierna México.

✔ La lucha armada no terminó. Los ejércitos revolucionarios se convirtieron en bandoleros en los territorios contrarios, provocando hambre, caos político y robos. El 5 de febrero de 1917 se firmó en Querétaro la Constitución en la que se consagraron las garantías individuales, la soberanía sobre los recursos de la nación y los derechos de los campesinos y los obreros. Carranza fue nombrado presidente. Unos años después todos los líderes revolucionarios murieron asesinados (Zapata, Carranza, Villa y Obregón).

Retrato de Álvaro Obregón como presidente

Retrato de Francisco Madero como presidente

Fotografía de Pancho Villa

Fotografía de Vetustiano Carranza como presidente

Fotografía de Emiliano Zapata

Reflexiona
¿Cuáles han sido las consecuencias de la Revolución mexicana?

Aclara tus dudas
Consulta las siguientes páginas en Internet:

http://www.ecosderosarito.com/history/304/1_4841.html

http://es.wikipedia.org/wiki/Centenario_de_M%C3%A9xico_(1910-2010)

México 43

Módulo 4

Los siglos XX y XXI

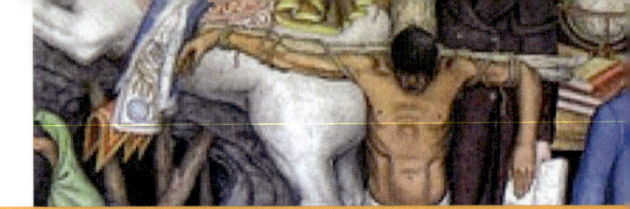

✔ Tras la época convulsiva de la Revolución mexicana, desde 1929, la sociedad mexicana vivió grandes, profundas y trascendentales transformaciones producto no solo de sucesos nacionales, sino también de acontecimientos y fenómenos mundiales: la crisis económica de 1929, producto de la caída de la Bolsa de Nueva York, la Segunda Guerra Mundial y las reformas de la década de 1980 que desmantelaron el Estado de Bienestar mexicano son algunos de los episodios más influyentes. Algunos episodios especialmente importantes fueron:

- En 1929, se creó en Querétaro el Partido Nacional Revolucionario (PNR), después llamado el *Partido Revolucionario Institucional*, que gobernó al país hasta el año 2000.

- Con el presidente Lázaro Cárdenas (1934-1940), se desarrollaron los derechos de los trabajadores y de los campesinos, se nacionalizaron los ferrocarriles y se inició la explotación petrolera que marcó un cambio significativo en la política económica y social mexicana.

- La clase media creció rápidamente en las grandes ciudades y comenzó a tener un peso político que superó al de las organizaciones obreras y campesinas. La sociedad mexicana pasó de una sociedad tradicional y agraria a una urbana e industrial. Esta situación provocó que la gente dejara el campo y se fuera a vivir a las ciudades.

- Desde 1970 el crecimiento económico comenzó a reducirse. Fue necesario pedir préstamos externos para mantener y elevar el gasto público y los mexicanos tuvieron que enfrentar una serie de dificultades: privatizaciones de la banca y sectores de comunicación, renegociación de la deuda externa. Pero también se abrieron oportunidades: con la firma el Tratado de

Prepárate
¿Sabes qué acontecimientos sociales o políticos caracterizan a los siglos XX y XXI?

Actúa
Responde, ¿verdadero o falso?   V   F
1. El siglo XX se inició con la Revolución mexicana.
2. Sucesos nacionales e internacionales influyeron en la sociedad mexicana de la primera mitad del siglo XX.
3. El PNR propició la nacionalización de los ferrocarriles.
4. El gobierno de Lázaro Cárdenas propició un cambio importante en la vida social y política de México.
5. Durante todo el siglo XX hubo un crecimiento económico.

Fotografía de Lázaro Cárdenas, presidente de México

México mestizo

Libre Comercio (TLC) con Estados Unidos y Canadá, se impulsó la apertura comercial y las exportaciones como sustento del desarrollo nacional.

Edificio del Banco de México en la capital

Primeros países integrantes del TLC

(Fuente: Fuente: Centro de Estudios Históricos (2000). *Historia general de México*. México: El Colegio de México).

Reflexiona
Después de la Revolución mexicana, ¿cómo se inicia la construcción del estado mexicano?

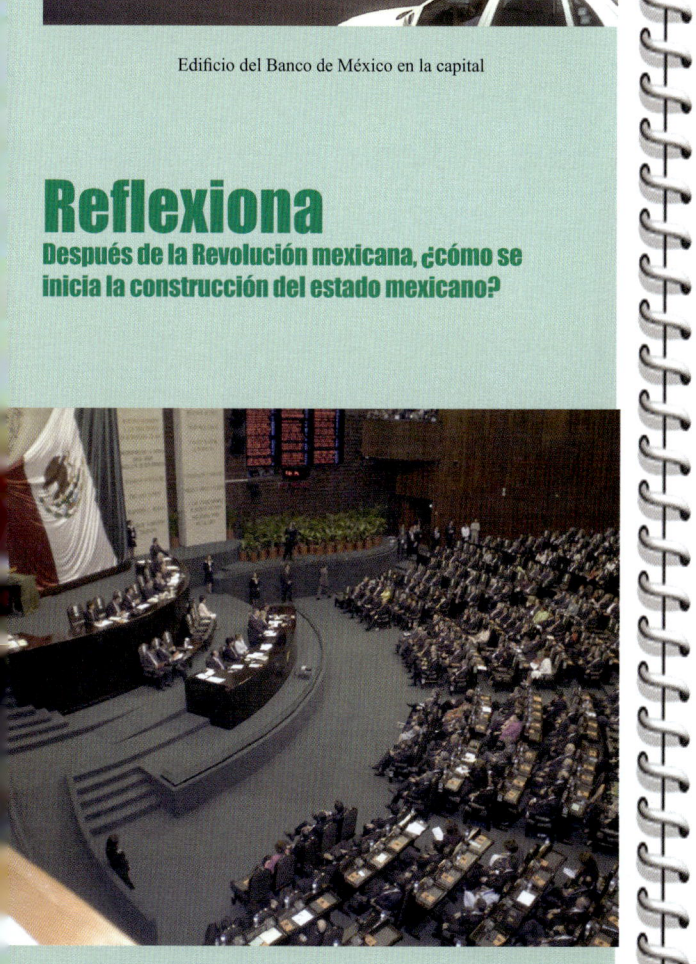

Cámara de diputados

Aclara tus dudas
Para conocer más sobre este tema, consulta las siguiente páginas de Internet:

http://busca.starmedia.com/search?buscar=Mexico+Siglo+XX&origen=header&destino=web

DIPLOMAS DE ESPAÑOL COMO LENGUA EXTRANJERA

INTERCULTURALIDAD

Somos todos iguales, somos todos diferentes.

- Recopila toda la información que has ido preparando sobre tu país:
  - Presencia extranjera en tu país.
  - Guerras o revoluciones.
  - Acontecimientos sociales o políticos.

- Investiga cuáles han sido los grandes momentos de la historia de tu país.

- Haz una presentación histórica de tu país y ponla en relación a los momentos mexicanos. Tienes 2 minutos.

México 45

Módulo 5

Salsa guacamole

México

Sabores y colores

Tortillas mexicanas

Prepárate

~ ¿Sabes qué son los tacos, las fajitas o el guacamole?

~ ¿Has probado alguna vez comida mexicana?

~ ¿Sabías que el tomate y el chocolate son originarios de México?

~ ¿Qué otros productos o platos de la gastronomía mexicana conoces?

~ ¿Te gustaría probar su gastronomía? ¿Por qué?

Módulo 5

El chile y sus variedades

✔ En México, se conserva una gran tradición culinaria basada en productos cultivados desde la época prehispánica como son el chile (1), el maíz (2), la calabaza (3), el frijol (4), el nopal (5), el tomate (6) y el aguacate (7) que permiten la elaboración de cantidad de platillos sabrosos para los mexicanos.

✔ **El chile** es uno de los condimentos por excelencia en la comida mexicana. La palabra *chile* viene del náhuatl *chilli*. **El chile** es una planta de forma y tamaño variable de sabor dulce y picante de diversos colores: blanco, verde o rojo cuando aún no ha madurado, y verde, anaranjado, rojizo y amarillo cuando ya está maduro. Existen más de cien tipos de **chiles**: serrano (o verde), poblano, de árbol, piquín, manzano, habanero, güero, pimiento morrón, etcétera. Una característica fundamental de los chiles es que dentro de ellos hay cantidad de semillas que es lo que provoca, la mayoría de las veces, que pique mucho.

Morrón · Poblano · Güero · Mirasol · Chilaca · Jalapeño · Serrano · De árbol · Manzano · Piquín · Habanero

Tipos de chiles de menor a más picantes

✔ **El chile** causa sensaciones en el gusto que no pueden ser calificadas ni como dulces o saladas, sino simplemente como picantes. El escozor en la boca, que modifica y, a veces, hasta predomina sobre otros sabores, es lo que le da razón de ser a platillos tan típicos como el mole, los chiles rellenos, los chiles en nogada, la tinga, la salsa de los tacos y las tradicionales enchiladas.

Prepárate

¿Sabes cuál es el ingrediente base en los siguientes alimentos?

Mole

Chiles en nogada

Enchilada

Chiles rellenos

Actúa

Responde, ¿verdadero o falso? V F

1. El chile es un alimento que se cultiva desde la época actual.
2. El chile es un ingrediente muy importante en la alimentación mexicana.
3. La palabra *chile* es de origen castellano.
4. La planta de los chiles tiene las mismas características.
5. El chile provoca al paladar un malestar en la boca.

Reflexiona

¿Por qué crees que a los mexicanos les gusta tanto el sabor picante del chile?

Aclara tus dudas

Para conocer más sobre este tema, consulta la siguiente página de Internet:

http://www.sitesmexico.com/notas/2009/octubre/chiles-mexicanos.htm

México

Sabores y colores

Prepárate
¿Sabes qué significa el refrán «El que siembra maíz que se coma su pinole»?

Actúa
A partir del texto completa las definiciones siguientes:

1. Bebida de maíz que se prepara con frutas o chocolate.

2. Mazorcas que se comen con chile, limón y sal.

3. Tortillas rellenas principalmente de queso o de verduras.

4. Pequeñas tortillas cubiertas de salsa, cebolla y queso.

5. Potaje preparado con maíz y chile.

6. Círculos aplanados de maíz.

Quesadillas

Reflexiona
¿Por qué crees que existen tantos productos derivados del maíz?

Aclara tus dudas
Para conocer más sobre este tema, consulta las siguientes páginas de Internet:

http://es.scribd.com/doc/11996681/Historia-Del-Maiz

http://mx.video.search.yahoo.com/search/video?ei=UTF-8&p=Historia+del+ma%C3%ADz&rd=r1&fr2=tab-web&fr=yfp-t-706-s

▶▶ El maíz

✔ El maíz es otro alimento milenario que está presente en gran cantidad de platillos mexicanos. La base de la alimentación mexicana es la tortilla y esta se elabora con masa de maíz.

Tortilla de maíz

✔ En todo México, así como en otros países latinoamericanos, se consume una variedad de alimentos elaborados con maíz. Por ejemplo, se comen elotes con los maíces frescos, de diferentes maneras, enteros cocidos o asados, y aderezados con sal, limón y chile piquín; en esquites (mazorca desgranada). Además, el grano tostado, molido o cocido se emplea para hacer harina o masa.

Elotes, mazorca de maíz asada

✔ Destacan entre la cantidad de alimentos que tienen como base **el maíz**: las quesadillas, hechas de tortillas rellenas de queso y verduras, variedad de guisos, como el pozole, que es un platillo típico de maíz y chile en muchas de las fiestas nacionales; o sopes, tortillas cubiertas de salsa, cebolla y queso. En el sur de México se bebe pozol, tradicional bebida preparada a base de cacao y maíz. Como golosina se consume el pinole, que es maíz tostado y molido con cacao.

✔ Otra bebida tradicional de México es el **atole** que se prepara también con una masa de maíz y revuelta con diferentes frutas molidas. El atole más conocido es el champurrado que se prepara con chocolate.

✔ Se complementa con **tamales** también de diferentes sabores: de dulce, rojos, verdes, de rajas. Cada región tiene su forma tradicional de preparar los tamales como es el caso de los tamales oaxaqueños o los costeños.

✔ En la actualidad comemos palomitas de maíz y gran cantidad de cereales elaborados con maíz.

México

Módulo 5

El chocolate

✔ La palabra *chocolate* proviene del náhuatl *xocolatl,* agua agria'. El chocolate es un derivado del cacao y está considerado como un alimento patrimonial de México por su tradición histórica. Es un producto indispensable en la gastronomía de este país.

Fruto del cacao

✔ El cacao se cultiva, principalmente, en el sur desde la época prehispánica. Era una bebida consumida por la realeza. Además, los aztecas lo comían en una masa de harina de maíz mezclada con chiles y miel. Ellos consideraban al chocolate como la bebida de los dioses.

✔ Hernán Cortés descubrió no solo el valor alimenticio del chocolate, sino también el valor monetario que le daban los aztecas. Por eso, en 1528 se lo llevó al rey Carlos V de España, quien, al degustarlo, se quedó maravillado de ese sabor. En ese momento, surge la historia del chocolate en Europa.

Semillas de cacao

✔ Los españoles agregaron azúcar y leche convirtiéndolo en la bebida de moda en la época de la colonia. Poco a poco, se fue conociendo en todo el mundo. En 1828, se inventó en Holanda el chocolate en polvo.

✔ Actualmente, el chocolate es conocido en todo el mundo. Se presenta en forma de tablillas o en polvo y puede ser negro o blanco, se emplea en la preparación de muchos alimentos como el mole; pero, principalmente, se consume como un delicioso postre o una bebida. Además, se utiliza en la fabricación de confites, repostería, medicamentos y cosméticos.

Prepárate
¿Qué sabes del chocolate?

Actúa
Responde, ¿verdadero o falso?   V   F
1. La palabra *chocolate* significa 'agua dulce'.
2. El chocolate proviene del cacao.
3. El chocolate empieza a consumirse con la llegada de los españoles.
4. Para Hernán Cortés, el cacao era un producto muy valioso.
5. Los aztecas agregaron leche y azúcar al chocolate.
6. El chocolate se usa en muchas comidas y en otros productos.

Reflexiona
¿Por qué se dice que el chocolate es patrimonio de México?
¿Qué crees que significan los siguientes refranes?
«Estoy como agua para chocolate».
«Las cuentas claras y el chocolate espeso».
«Es como el buen chocolate, no tiene asiento».

Tabletas de chocolate

Aclara tus dudas
Para conocer más sobre este tema, consulta las siguientes páginas de Internet:
http://www.elportaldemexico.com/cultura/culinaria/chocolateescacao.htm
http://www.historiacocina.com/historia/articulos/chocolate.html

México

Sabores y colores

Actúa
Si tienes oportunidad, elabora uno de los siguientes antojitos:

Ingredientes
Porciones: 8
- 8 a 10 tortillas de maíz
- ¼ k de queso Oaxaca deshebrado
- ¼ k de crema espesa
- 1 taza de salsa casera
- aceite

Preparación
Pon la cantidad necesaria de queso en una tortilla, dobla y fríe en un poco de aceite. Mientras, calienta la salsa casera en una cacerola chica a fuego medio. Agrega la crema y mezcla bien.
Coloca las quesadillas en un plato y baña con la salsa. Las puedes acompañar con frijoles refritos y aguacate.

¡¡¡ Buen provecho!!!

Reflexiona
¿En tu país también se comen platos pequeños para compartir?
¿Por qué crees que a los mexicanos les gustan mucho los antojitos?

Tlacoyos

Aclara tus dudas
Visita la web de Edelsa > Zona Estudiante > México y pulsa en los enlaces 6 y 7.

▶▶ Antojitos mexicanos

✔ Una característica de la comida mexicana es su variedad de platillos entre los que predominan los antojitos, que son alimentos elaborados a base de maíz, chile, verduras y una variedad de carnes. Estos platillos que tienen su origen en la cultura prehispánica, se ofrecen y se consumen en la mayoría de los restaurantes mexicanos.

Distintos antojitos

✔ Generalmente se ofrecen en tamaño pequeño como botanas, o como entradas antes de la comida o la cena. Entre ellos podemos mencionar a los tamales, las tostadas, los tacos, las quesadillas, los pambazos, los sopes, los peneques, los tlacoyos, en fin, hay una variedad que procede de diferentes partes del país.

✔ Por ejemplo, en Yucatán se comen los tradicionales panuchos; en Veracruz, las empanadas de pescado; en Puebla, las chalupas y, en el Distrito Federal se encuentra de todo.

Sope

México 51

Módulo 5

▶▶ La dieta del mexicano

✔ El mexicano tiene una variedad de platillos que disfruta a lo largo del día. Existen cinco comidas: desayuno, almuerzo, comida, merienda y cena.

✔ En la mañana, muy temprano, se toma jugo, fruta, cereal y café (con leche o solo), huevos preparados de diferente manera, pan de dulce o pan blanco (bolillo o telera). A veces, se toman atole y tamales.

✔ A media mañana, se almuerza un plato fuerte preparado a base de huevos, carne y frijoles; o, simplemente, se come un sándwich o alguna fruta.

✔ Cerca de las dos de la tarde, se come, generalmente, una entrada de verduras o frutas, le sigue una sopa aguada, arroz, guisado, frijoles, postre, café o té.

✔ A media tarde, toma café o té o alguna fruta o galletas o pastelillos.

Dulces mexicanos

✔ En la noche, toma un plato fuerte, ensalada, fruta, café.

✔ Algunos mexicanos solo hacen tres comidas: desayuno/almuerzo, comida y merienda o cena.

✔ La hora de desayunar, comer o cenar se convierten en actos sociales. Los desayunos o las comidas sirven para arreglar negocios, las meriendas para platicar con los amigos y las cenas para encuentros familiares.

Exquisitos Desayunos

Desayuno Doña Falla
Jugo o fruta, café, casamiento, picadas, ropa vieja y plátanos fritos.

Desayuno Veracruzano
Jugo o fruta, café, dos picadas de pollo rojas o verdes.

Desayuno tradicional
Jugo o fruta, café, huevos al gusto (jamón, tocino, chorizo, a la mexicana).

Desayuno Oaxaqueño
Jugo o fruta, café, cecina, chilaquiles y frijoles.

Desayuno Mexicano
Jugo o fruta, café, bistec a la mexicana frijoles y tortillas.

Desayuno light 3
Jugo o fruta, café, ensalada de atún y queso panela.

Antojitos:
Empanadas, picadas preparadas, gordas, especiales, tostadas, totopos preparados, molletes, quesadillas, burros y tacos.

Cocina Económica Doña Falla

Pedidos al Tel: 8825538

Carta de desayunos de un popular restaurante mexicano

Prepárate

En 2010 la comida tradicional mexicana fue declarada por la Unesco Patrimonio de la Humanidad. ¿Por qué crees?

Actúa

De acuerdo a las imágenes, clasifica los alimentos en cada una de las columnas.

Sándwich  — Sopa de maíz

Pastel mexicano  — Sopa de tomate y tortillas

Café con leche  — Pozole

Enchiladas verdes  — Huevos rancheros

México 52

SABORES y colores

Sopes

Frutas

Desayuno	Almuerzo	Comida	Merienda	Cena

Reflexiona
¿Qué características tiene la comida mexicana?
¿Qué significa «Barriga llena, corazón contento»?

Oferta de dieta «T»: tomates, tacos y tortas

Aclara tus dudas
Para conocer más sobre este tema, consulta la siguiente página de Internet:

http://www.youtube.com/watch?v=rYYJYSpP3bI&feature=related

✔ En estos encuentros sociales, a veces, se comen entradas que consisten en platillos preparados con quesos, bocadillos, quesadillitas, sopecitos.

✔ Por la celeridad con la que se vive en algunas ciudades, el mexicano recurre a la llamada dieta «T» (tamales, tacos y tortas), o también acude a comer en lugares de comida rápida: *pizzas*, hamburguesas y ensaladas. Lo importante es comer.

Tamales de carne

✔ Finalmente, podemos decir que la comida de México posee gran variedad de platillos y, por lo general, muy elaborados. La cocina mexicana es famosa por sus sabores fuertes, picantes y, en ocasiones, suele estar muy condimentada; además, reúne tradiciones gastronómicas indígenas y europeas, entre otras muchas.

DIPLOMAS DE ESPAÑOL COMO LENGUA EXTRANJERA

INTERCULTURALIDAD

Somos todos iguales, somos todos diferentes.

~ Compara la dieta mexicana con la de tu país. ¿Qué diferencias hay?

~ ¿Qué plato de la comida mexicana te parece más sabroso? ¿Por qué?

México

Módulo 6

La Guerra de la independencia mexicana, de Alfredo Zolce, Escalera del palacio de Gobierno Morelia (México)

México y las artes

Cubierta de la novela *Los de abajo*, de Mariano Azuela

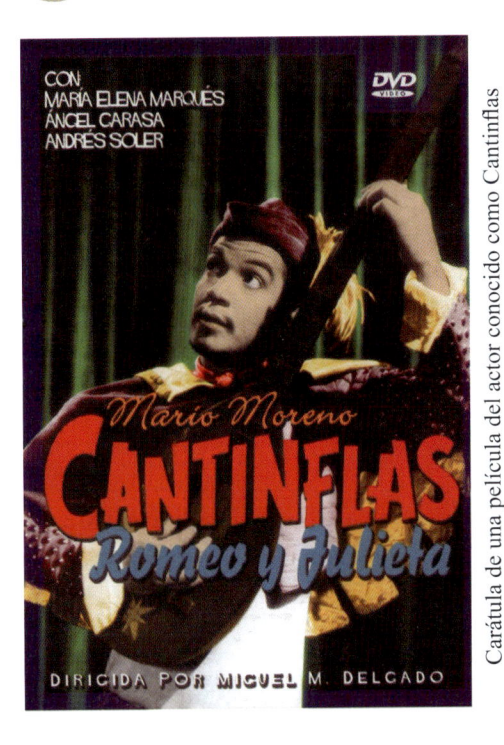

Carátula de una película del actor conocido como Cantinflas

Prepárate

~ ¿Cuáles de los siguientes escritores crees que son mexicanos: Octavio Paz, Julio Cortázar, Gabriel García Márquez, Juan Rulfo?

~ ¿Qué te sugiere la palabra *muralismo* para referirse a una de las expresiones artísticas de la pintura mexicana?

~ ¿Sabes quién era Cantinflas?

Módulo 6

La literatura

La literatura de la Revolución

✔ La Revolución de 1910 produjo cambios violentos que repercutieron en el arte, ya que no se trataba de un movimiento político para deshacerse de un régimen que se había prolongado más de lo conveniente, sino que creó una nueva conciencia sociocultural, esto es, una nueva forma de ver la vida y la cultura. En la política, la economía, las artes, la filosofía y la historia, los nuevos ideales se manifestaron en un nuevo orden y nuevas expresiones en todo.

✔ Surge, así, una narrativa basada en temas sobre el movimiento armado llamado *Revolución mexicana*.

✔ La prosa narrativa de la primera mitad del siglo XX se inicia con *Los de abajo*, de Mariano Azuela, novela realista que narra, mediante la vida imaginada de unos revolucionarios, la ideología, los conflictos sociales y los motivos de la Revolución mexicana.

Fotografía de Mariano Azuela

✔ Continúa con las novelas de Martín Luis Guzmán *El águila y la serpiente* y *La sombra del caudillo*. Este autor relata las aventuras de las tropas de Pancho Villa, a las que siguió como periodista.

✔ Les siguen *Al filo del agua,* de Agustín Yáñez, escritor que se compara con Kafka o con Joyce.

✔ Al mismo tiempo, se desarrolla el Ateneo de la Juventud, primer centro libre de cultura organizado para dar forma social a una nueva era del pensamiento que renueva el sentido cultural y científico de México.

Prepárate

¿Cómo crees que influyó la Revolución mexicana en el mundo artístico?
¿Y en la generación de artistas contemporáneos o posteriores?

Actúa

Lee este fragmento y resúmelo.

Cuando los albores de la luna se esfumaron en la faja débilmente rosada de la aurora, se destacó la primera silueta de un soldado en el filo más alto de la vereda. Y tras él aparecieron otros, y otros diez, y otros cien; pero todos en breve se perdían en las sombras. Asomaron los fulgores del sol, y hasta entonces pudo verse el despeñadero cubierto de gente: hombres diminutos en caballos de miniatura.
—¡Mírenlos qué bonitos! —exclamó Pancracio—. ¡Anden, muchachos, vamos a jugar con ellos!

Aquellas figuritas movedizas, ora se perdían en la espesura del chaparral, ora negreaban más abajo sobre el ocre de las peñas.

Distintamente se oían las voces de jefes y soldados. Demetrio hizo una señal: crujieron los muelles y los resortes de los fusiles.
—¡Hora! —ordenó con voz apagada.

Veintiún hombres dispararon a un tiempo, y otros tantos federales cayeron de sus caballos.

Los demás, sorprendidos, permanecían inmóviles, como bajorrelieves de las peñas.
Una nueva descarga, y otros veintiún hombres rodaron de roca en roca, con el cráneo abierto.
—¡Salgan, bandidos!... ¡Muertos de hambre!
—¡Mueran los ladrones nixtamaleros!...
—¡Mueran los comevacas!...

Los federales gritaban a los enemigos, que, ocultos, quietos y callados, se contentaban con seguir haciendo gala de una puntería que ya los había hecho famosos.

Fragmento de *Los de Abajo*, de Mariano Azuela

Las artes

Martín Luis Guzmán

Retrato de Agustín Yáñez

Octavio Paz

Rosario Castellanos

Aclara tus dudas
Para conocer más sobre este tema, consulta la siguiente página de Internet:
http://es.wikipedia.org/wiki/Arte_del_siglo_XX

Carlos Fuentes

La Generación del 15

✔ En 1915, culmina la etapa más desastrosa de la crisis monetaria y financiera. Esa caída vertiginosa de la economía nacional, iniciada en 1910, da inicio al Carrancismo.

✔ El Carrancismo fue el movimiento armado encabezado por el gobernador de Coahuila, Venustiano Carranza, quien se levantó en armas con el Plan de Guadalupe contra el gobierno ilegítimo de Victoriano Huerta. En esta época, surge la Generación del 15, formada por un grupo de políticos y escritores que buscan definir la identidad mexicana y pretenden un cambio social en el México de principios de siglo XX. Entre los autores destacan Octavio Paz y Carlos Pellicer.

El gobierno de Carranza frente al Ateneo de la Juventud

La Generación del 50

✔ La Generación del 50 terminó con el nacionalismo cultural de los años anteriores y se concentra en obtener una definición esencial del mexicano ante la construcción del México Nuevo. Esta generación está formada por escritores nacidos después de las grandes guerras y se caracterizan por una preocupación social, por temas filosóficos y metafísicos y por la búsqueda de un estilo literario distinto que rompe con los temas y valores propiciados por la Revolución mexicana.

✔ A ese grupo pertenecen Rosario Castellanos, Juan Rulfo, Juan José Arreola, Jorge Ibargüengoitia y Carlos Fuentes.

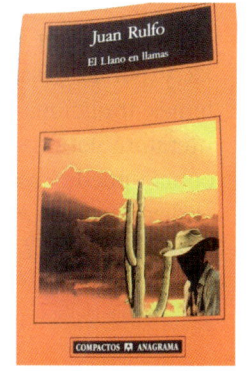

Cubierta de la novela *El llano en llamas*, de Juan Rulfo

México

Módulo 6

La literatura de los 60

✔ En los años sesenta hay un cambio de influencias culturales que hace que jóvenes escritores se opongan a un modo de vida burgués mediante el lenguaje de la «Onda» con influencia de la cultura norteamericana. Su forma de hablar devalúa los conceptos: automóvil (lámina), casa (cueva), jóvenes (chavos), gente mayor (momiza). Este lenguaje puede leerse en narraciones escritas por Gustavo Sáinz (*La princesa del Palacio de Hierro*) y José Agustín (*De perfil*).

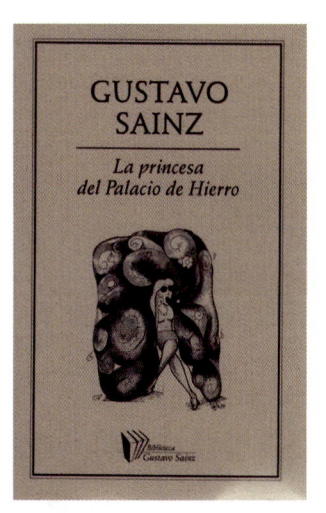

Cubierta de *La princesa del Palacio de Hierro*, de Gustavo Sáinz

Carátula del libro digitalizado *De perfil*, de José Agustín

✔ La literatura de finales del siglo XX y del inicio del XXI está representada, entre otros, por obras de Octavio Paz, considerado como uno de los más destacados escritores latinoamericanos de posguerra, quien cultivó la poesía, la crítica literaria y la política. Entre sus obras destacan *El arco y la lira* y *El laberinto de la soledad*. Recibió el Premio Nobel de Literatura en 1990. También destaca la obra de Carlos Fuentes, que se caracteriza por el empleo de estilos, estructuras y técnicas de la literatura del siglo XX y por el desarrollo de temas tradicionales de la literatura latinoamericana como puede constatarse en las obras *La muerte de Artemio Cruz*, *La región más transparente* y *Aura*.

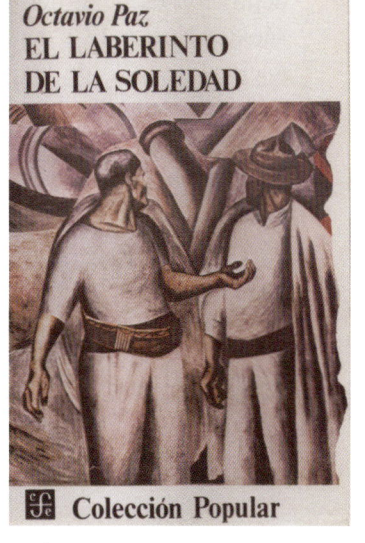

Cubierta del libro de nueve ensayos *El laberinto de la soledad*, de Octavio Paz

Actúa

Pon en orden cronológico estas obras de la literatura mexicana.

- ☐ De perfil
- ☐ El laberinto de la soledad
- ☐ El llano en llamas
- ☐ La muerte de Artemio Cruz
- ☐ Los de abajo

José Agustín    Juan Rulfo

Reflexiona

¿Qué similitudes y diferencias ves entre la literatura mexicana y la literatura de tu país?

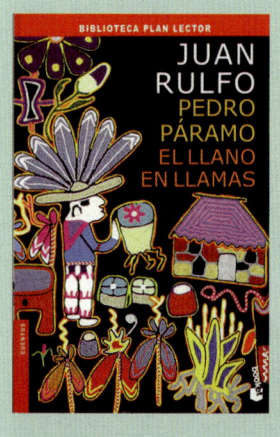

Cubierta de la novela *Pedro Páramo* de Juan Rulfo

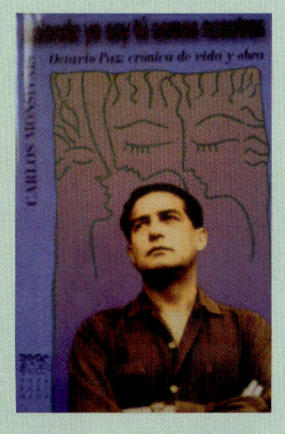

Libro sobre la vida y obra de Octavio Paz, de Carlos Monsiváis

Aclara tus dudas

Visita la web de Edelsa > Zona Estudiante > México y pulsa en el enlace 8. Allí verás un video sobre la literatura mexicana.

México

Las artes

El teatro

✔ El teatro mexicano comenzó a adquirir personalidad y a tratar problemas de la vida real del espectador a quien va dirigido. Se basa en las técnicas del teatro documento y se apoya en sucesos sensacionalistas extraídos de los diarios o de la historia del país que luego recrea eficazmente en escena. Entre representantes destaca la obra *Yo también hablo de la rosa,* de Emilio Carballido y *Los albañiles,* de Vicente Leñero.

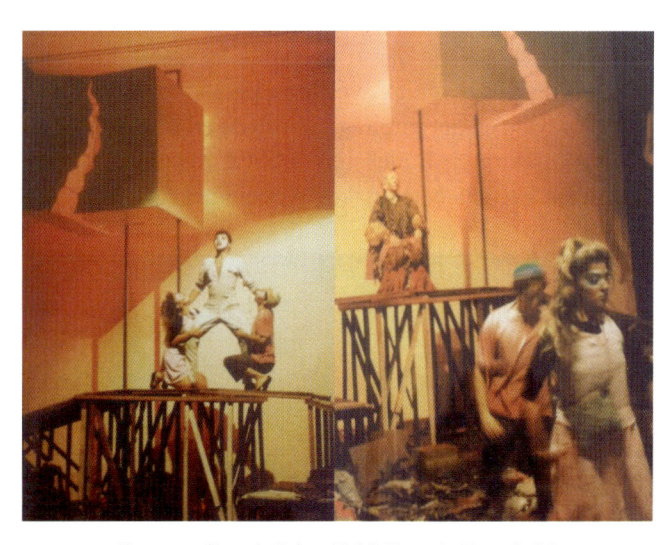

Vicente Leñero

Representación en la Universidad de Tucumán (Argentina) de *Yo también hablo de la rosa*, en 1990

(Fuente: *Nueva Historia general de México*. (2010). México: El Colegio de México).

Representación de la obra *Los albañiles* en Panamá, 2012

México

Módulo 6

La pintura: el muralismo mexicano

✔ La consolidación e institucionalización de la Revolución mexicana propició el desarrollo del muralismo mexicano. El muralismo (grandes pinturas sobre muros de edificios públicos) representó una forma de expresar, a través de la pintura, el triunfo de la Revolución al mismo tiempo que hacía una crítica al pasado. El objetivo fundamental de sus principales representantes era dar al pueblo, a través de la narrativa visual, imágenes que proyectaran lo que había sido la historia de México en las amplias paredes de edificios públicos como La Secretaría de Educación Pública, El Palacio de Bellas Artes, La Escuela Nacional de Agricultura.

Mural de la Universidad de Guadalajara, obra de Orozco

✔ Los grandes representantes del muralismo mexicano son:
- Diego Rivera (Guanajuato, 1886 - Ciudad de México, 1957).
- José Clemente Orozoco (Jalisco, 1883 - Ciudad de México, 1949).
- David Alfaro Siqueiros (Ciudad de México, 1896 - Cuernavaca, 1974).

Fotografía de Diego Rivera y Frida Kahlo

Prepárate
Observa el siguiente mural y contesta a las preguntas.
- ¿Qué tipo de personas aparecen en el mural?
- ¿Cuál crees que es el tema?
- ¿Dónde crees que está pintado?

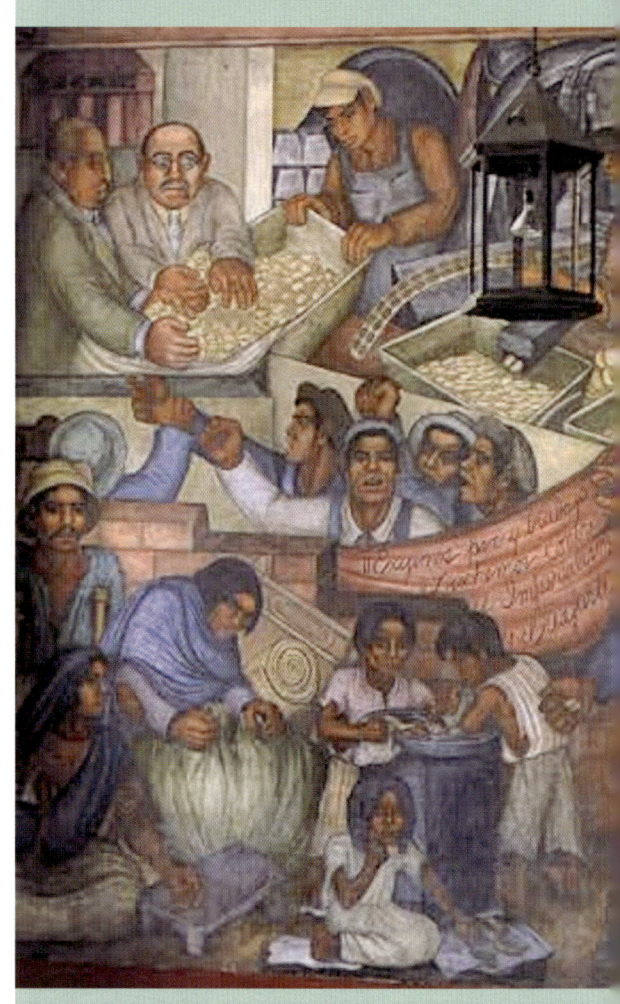

Mural de Diego Rivera en Exekatlkalli

Actúa
Observa los murales y trata de identificar las características que los unifica.

Aclara tus dudas
Para conocer más sobre este tema, consulta la siguiente página de Internet:
www.youtube.com/watch?v=JGFckyfHu7Q

Las artes

✔ José Vasconcelos fue el promotor de ese cambio en la cultura al revalorarla frente a la reconstrucción del país bajo una perspectiva más nacionalista e incluyente de las clases sociales marginadas en el porfiriato.

✔ Hacia 1948, en oposición al muralismo, la pintura de caballete resurgió con las formas geométricas con Rufino Tamayo o el simbolismo con Juan Soriano y Remedios Varo.

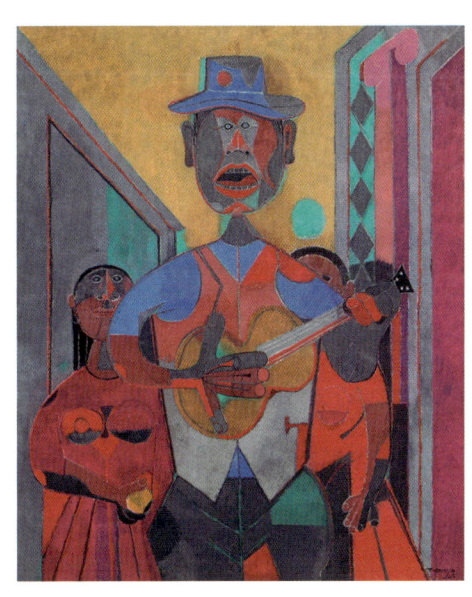

El trovador, de Rufino Tamayo

✔ Otra notable pintora fue Frida Kahlo quien compartió sus ideales políticos con los muralistas, pero su obra es más personal, en su pintura podemos observar la recreación metafórica de su físico y de su sentir producto de varios acontecimientos dolorosos que marcaron su vida.

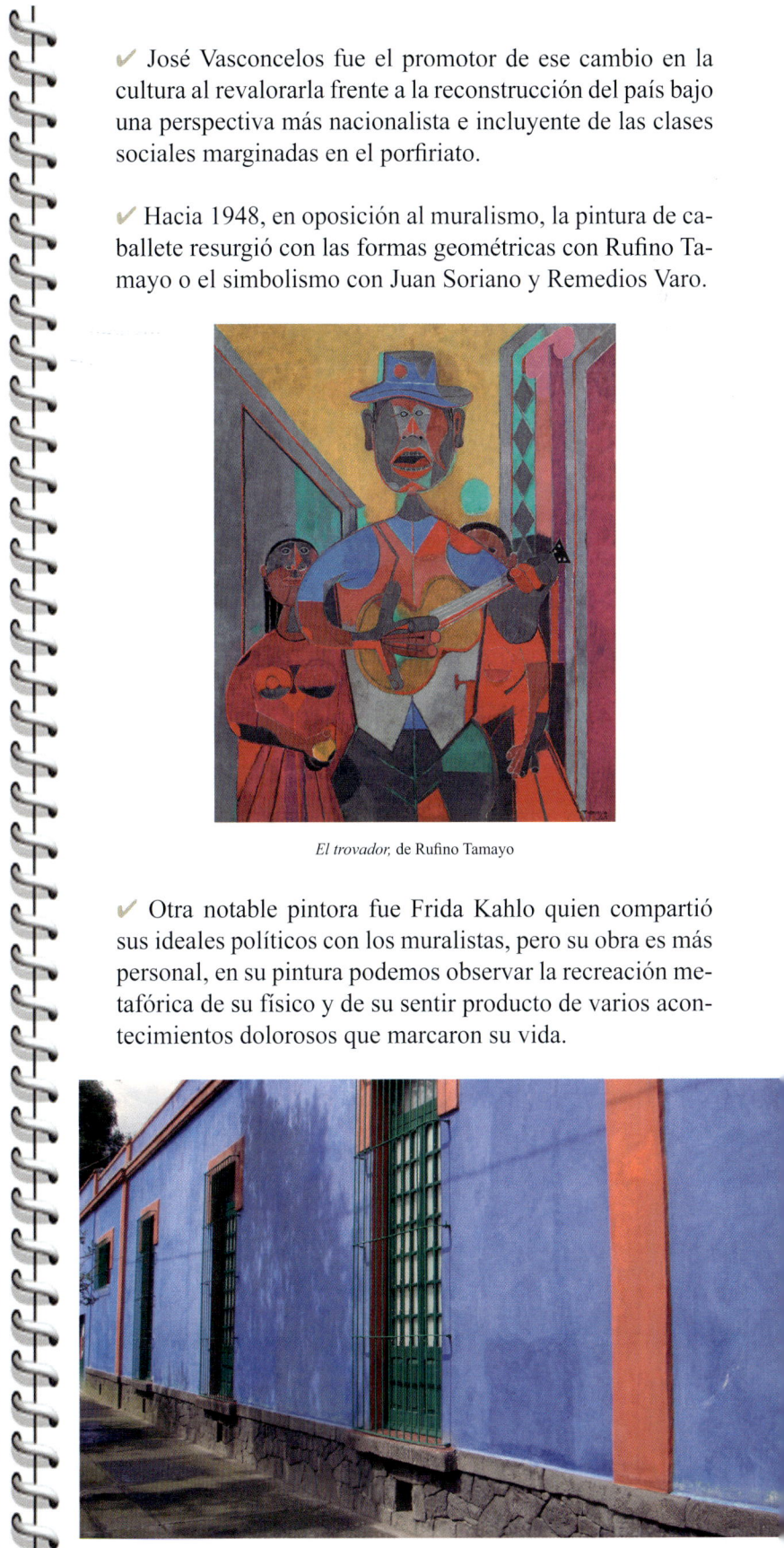

Carátula de la película sobre la vida de la artista mexicana

Museo Frida Kahlo en Ciudad de México

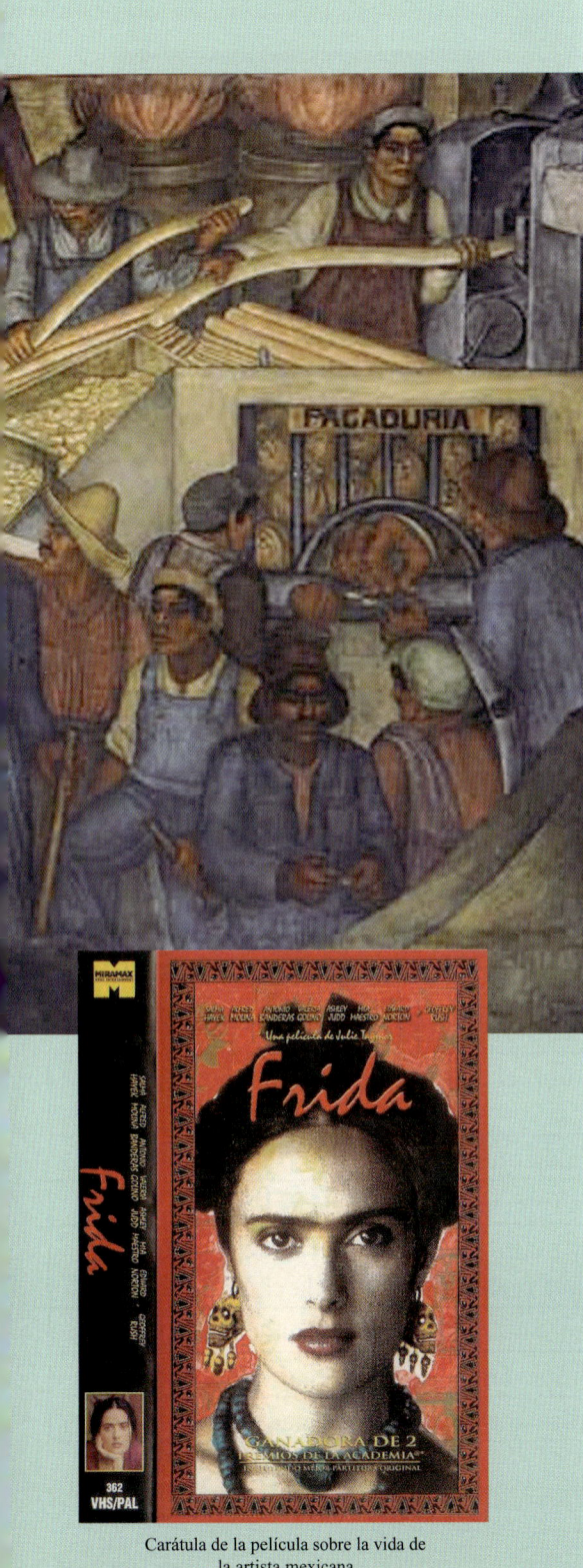

Módulo 6

El cine mexicano

México fue uno de los primeros países que utilizó el cinematógrafo. A lo largo de los años, el cine ha servido para documentar la vida social y política, representar el movimiento armado: la Revolución mexicana, mostrar el folclor y el costumbrismo del México naciente, educar y criticar lo que va en contra de las buenas costumbres, crear una conciencia nacionalista basada en la Revolución, exaltar la figura de los hombres de la época: el héroe, la prostituta, el charro, el hacendado; los personajes de la clase media que modifican el lenguaje y la forma de vestir, la familia como eje de la sociedad y, en años recientes, la decadencia de una sociedad construida en valores falsos representada por el cine político.

Prepárate

La creación de los estudios Churubusco favoreció el desarrollo de la cinematografía mexicana. ¿Qué películas o actores mexicanos conoces?

Época	Características
Inicios	Imágenes de lugares.
	Mostrar a los personajes famosos en sus actividades cotidianas y oficiales.
	Dar testimonio con su cámara de diversos aspectos de la vida del país durante el porfiriato y la Revolución.
La Revolución mexicana	Mostrar una visión de los hechos.
Cine mudo	Película representativa del cine mudo.
Cine sonoro	Primera película con sonido.
	Fresco sobre el país.
Inicio de la industria cinematográfica 1936-1940	Primera cinta nacional que ganó un premio internacional a la mejor fotografía, otorgado a Gabriel Figueroa en el Festival de Venecia de 1938.
Época de oro	Presenta el tema de la inocencia y la pureza indígenas.
	Emilio «Indio» Fernández se consolidó como el director mexicano más importante de la Época de Oro.
	Presenta un futuro para la gente de provincia que desea triunfar.
	El cine se vuelve a colocar en el panorama internacional.
Cine político	Cine crítico, incisivo, con temas sociales y políticos. Por primera vez en la historia de la cinematografía mexicana se muestra la realidad social de la clase media.
Nuevo cine mexicano	Las nuevas películas mexicanas vuelven a formar parte activa de la cultura del país.
	Presentan la realidad del mexicano contemporáneo, lo que es realmente México.
	Cineastas mexicanos reconocidos como directores a nivel internacional.

Las artes

Actúa
Lee las siguientes reseñas y ubícalas en alguna época.

Una banda de ladrones aterroriza a la alta sociedad de la Ciudad de México en 1915. Los asesinatos, robos y secuestros se suceden mientras un detective sigue la huella de los criminales.
[*El automóvil gris* (1919). Director: Enrique Rosas].

Durante la Revolución mexicana, un grupo de valientes campesinos, conocidos como los «Leones de San Pablo» se unen al ejército de Pancho Villa. Después de algunas batallas, con más derrotas que victorias, el grupo original es reducido a dos: Tiburcio Maya y el joven «Becerrillo». Una epidemia de viruela se desata entre la tropa y «Becerrillo» cae enfermo. Villa ordena a Tiburcio matar al joven e incinerar su cuerpo.
[*Vámonos con Pancho Villa* (1935). Director: Fernando de Fuentes].

En 1949, durante el sexenio del presidente Miguel Alemán, el corrupto alcalde de San Pedro de los Saguaros es linchado y decapitado por los indígenas que habitan el lugar. Corren tiempos electorales y el gobernador no está dispuesto a ver peligrar su posición por un escándalo político, por lo que ordena a su secretario de gobierno, el licenciado López, que nombre un nuevo alcalde para San Pedro. López decide que el más indicado es Juan Vargas, un inofensivo y fiel miembro del partido que seguramente no será tan corrupto como su antecesor.
[*La Ley de Herodes* (1999). Director: Luis Estrada].

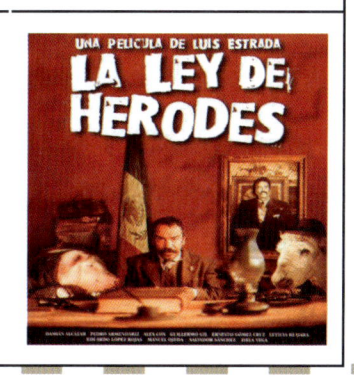

Reflexiona
¿Por qué el cine se convierte en un arma política?

Aclara tus dudas
Para conocer más sobre este tema, consulta la siguiente página de Internet:

http://cinemexicano.mty.itesm.mx/front.html

Visita la web de Edelsa > Zona Estudiante > México y pulsa en el enlace 9 para ver un video sobre el actor mexicano Cantinflas.

✓ Uno de los actores más representativos del cine mexicano es Mario Moreno «Cantinflas», también conocido como *el mimo* o *el cómico de la gabardina*. Fue pionero del cine mexicano, se caracterizó por vestirse como «peladito» (persona de baja condición social, sin educación e irrespetuosa). Utilizó un lenguaje muy peculiar difícil de traducirse a otros idiomas. Una frase célebre fue: «allí está el detalle» que se popularizó con la película del mismo nombre.
A Cantinflas se le ha llamado el «Charles Chaplin de México» por su forma de caminar y algunos rasgos de su vestuario. Ganó el premio Globos de Oro como mejor actor en la película *La vuelta al mundo en ochenta días*.

(Fuente: García Riera, Emilio (1997). *Historia documental del cine mexicano*. México: UDG, CONACULTA, IMCINE, Secretaría del Gobierno del Estado de Jalisco).

Módulo 7

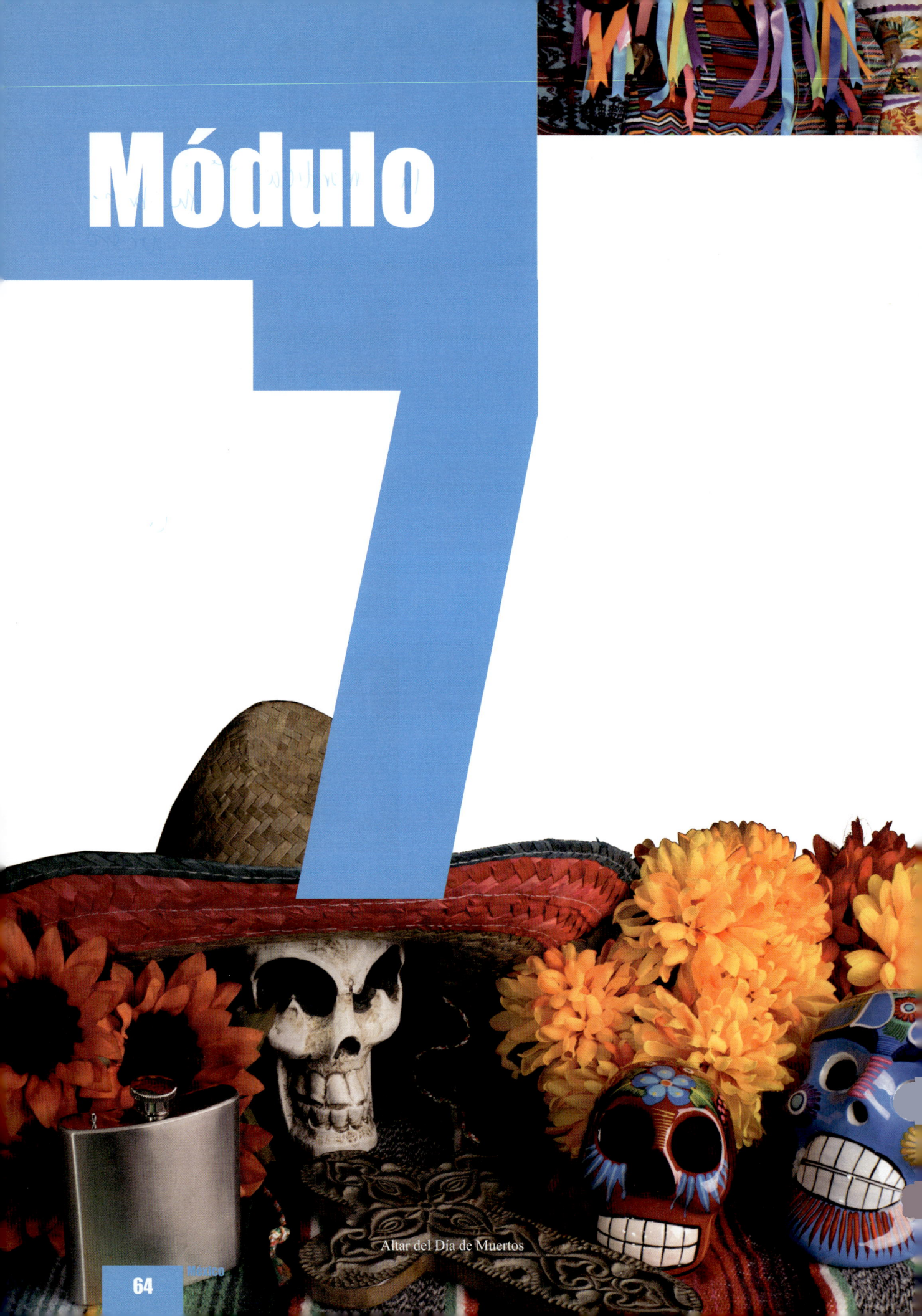

Altar del Día de Muertos

Tradiciones

Prepárate

- ¿Conoces el Día de Muertos? ¿Qué crees que se celebra?
- ¿Cuál crees que es la música más popular de México? ¿Conoces a los mariachis?

Guitarra y gorro charro

Módulo 7

La Navidad en México

✔ El 24 de diciembre se celebra una de las más tradicionales festividades que reúne a las familias mexicanas: la Navidad. La costumbre de celebrar esta fiesta la trajeron los misioneros españoles en el siglo XVI. Pedro de Gante en el año de 1528 celebró una misa a las 12 de la noche, conocida en la actualidad como «misa de gallo». Durante la colonia, siguiendo el espíritu de la Navidad, que es la caridad, el perdón y el amor a nuestros semejantes, el 23 de diciembre, el virrey recorría las cárceles liberando a los prisioneros culpables de crímenes menores mientras la virreina realizaba caridades en orfelinatos y conventos.

Árbol de Navidad frente al Zócalo

✔ En estas fechas, se acostumbra a poner en las casas nacimientos y a hacer representaciones teatrales sobre pastores en las que participan también personajes como el diablo y el arcángel San Gabriel.

✔ Además, se realizan las tradicionales posadas, que recuerdan los 9 días en los que María y José buscaban un lugar para que naciera el hijo de Dios. En esta celebración, la mitad de los invitados se quedan dentro de la casa y la otra mitad, fuera. Los de afuera llevan cargando una representación de los peregrinos o un pequeño nacimiento y con velitas encendidas empiezan a cantar: «¡En el nombre del cielo… os pido posada…!». Los de adentro se niegan, hasta que finalmente, después de una argumentación, dejan entrar a los peregrinos: «¡Entren, santos peregrinos!». Luego se canta –refiriéndose al dueño de la casa: «¡Ándale, Juan, sal de rincón con la canasta de la colación!». Se reparten canastitas con colaciones y la gente canta: «No quiero oro ni quiero plata, yo lo que quiero es romper la piñata». Se rompe la piñata, llena de frutas como naranjas, cacahuates, cañas y tejocotes. Se cantan versos como: «¡Dale, dale, dale, no pierdas el tino porque si lo pierdes, pierdes el camino!». Al final, se reparte una bebida caliente llamada *ponche* y algún platillo como, por ejemplo, tostadas, sopes o quesadillas.

Prepárate
¿Cómo crees que surgió la celebración de la Navidad en México?

Actúa
Responde, ¿verdadero o falso?

V F
1. En México la mayoría de las familias mexicanas celebran la Navidad. ☐ ☐
2. Los virreyes hacían obras de caridad el 24 de diciembre. ☐ ☐
3. Lo más importante de la Navidad son las posadas. ☐ ☐
4. El centro de las posadas es la piñata. ☐ ☐
5. El nacimiento es una representación con figuras de barro o madera sobre el nacimiento de Jesús. ☐ ☐
6. Cuando se rompe la piñata, caen colaciones. ☐ ☐

Reflexiona
¿Cuál fue el origen de las posadas?

Representación escolar de Navidad

Aclara tus dudas...
Visita la web de Edelsa > Zona Estudiante > México y pulsa en los enlaces 10 y 11 para ver dos videos, uno sobre la Navidad y otro sobre las posadas.

Tradiciones

Prepárate
¿Sabes por qué en México los niños salen a pedir su «calaverita»?

Calaverita de azúcar

Actúa
Responde a estas preguntas:
1. ¿Por qué es importante el Día de Muertos en México?
2. ¿Por qué es importante la flor de cempasúchil?
3. ¿Dónde surge la tradición del Día de Muertos en México?
4. ¿Qué caracteriza esa fiesta?
5. ¿Qué lugar de México se conoce por la celebración del Día de Muertos?
6. ¿Cómo ha trascendido esta fiesta en el arte?

Reflexiona
¿Qué significa la flor de Cempasúchil en la ofrenda a los muertos?

Caminito del cementerio

Aclara tus dudas
Visita la web de Edelsa > Zona Estudiante > México y pulsa en el enlace 12 para ver un video sobre la fiesta de muertos.

►► El Día de Muertos

✔ La celebración del Día de Muertos es una fiesta típica mexicana. El 2 de noviembre se recuerda a los familiares que han muerto para estar más en contacto con ellos. Ese día, además de ir al panteón o cementerio, se pone en las casas un altar con flores de cempasúchil, veladoras, **copal** o incienso, **calaveritas** de azúcar, pan de muerto, calabaza en **tacha** y la comida que le gustaba al difunto, además del tradicional **mole** con arroz. En el centro aparecen las fotografías de los familiares recordados. La casa se adorna con papel picado. Esta festividad tiene sus orígenes en el pasado indígena.

✔ La flor tradicional de esta fiesta es el **cempasúchil** que representa el resplandor del sol al que se consideraba el origen de todo. Cada flor representa una vida y, en el caso del difunto, significa que él tiene un lugar dentro del todo y que no ha sido olvidado por sus familiares y amigos.

✔ En toda la República Mexicana se celebra esta fiesta, pero a San Andrés Mixquic, en la Delegación Tláhuac del Distrito Federal, el Día de Muertos llegan muchos turistas extranjeros que acuden a admirar una de las tradiciones más típicas de México.

✔ Esta fiesta siempre ha estado presente en los artistas, así vemos como muchos de ellos han presentado a la muerte en sus obras como es el caso de José Guadalupe Posada que dibujó una serie de calaveras alusivas a la muerte. Una de las caricaturas más famosas es **La Catrina**, recreada más tarde por Diego Rivera en uno de sus murales.

La Catrina

México 67

Módulo 7

La Fiesta de la Independencia

✔ Desde hace doscientos años, cada 15 de septiembre se celebra en la Plaza de la Constitución la fiesta del «Grito de dolores» que recuerda cuando don Miguel Hidalgo hizo sonar la campana de su iglesia en Dolores para reunir a sus fieles y comunicarles que era el momento de luchar por su libertad y autonomía, al grito de «¡Viva México!, ¡Viva la Virgen de Guadalupe!».

✔ El presidente de la República sale al balcón del Palacio Nacional y grita: «¡Viva México, vivan los héroes que nos dieron libertad! ¡Viva Hidalgo! ¡Viva Allende! ¡Viva Aldama! ¡Viva doña Josefa Ortiz de Domínguez! ¡Viva México! ¡Viva México!», al mismo tiempo toca la campana como lo hizo también Hidalgo.

✔ La tradición es encender fuegos artificiales. En el Zócalo, hay puestos con una variedad de comida como pozole, tamales, pambazos, aguas de horchata, Jamaica, limón. En el Palacio Nacional, el presidente ofrece una cena a sus invitados. Es tradición que las mujeres se vistan con trajes regionales y los hombres con grandes sombreros.

✔ El 16 de septiembre hay un gran desfile de las fuerzas armadas que inicia en el Zócalo de la ciudad y termina en Chapultepec. ¡Esta es la gran fiesta nacional!

✔ Por la tarde se celebran verbenas populares en las plazas principales de las ciudades, conocidas como *zócalo*, se cantan y bailan canciones tradicionales al son de bandas y mariachis.

Fuegos artificiales tras la avenida Reforma (Ciudad de México)

Prepárate
¿Sabes a qué se le llama *el Grito de Dolores*?

Actúa
Responde, ¿verdadero o falso?   V   F
1. El Grito de Independencia lo da Miguel Hidalgo en el Palacio Nacional.
2. Miguel Hidalgo quería libertad y paz para el pueblo mexicano.
3. El presidente de la República da el grito desde un balcón de la Catedral Metropolitana.
4. En la cena del 15 de septiembre se cena pozole en el Palacio Nacional.
5. Con un desfile militar se conmemora la independencia de México.

Reflexiona
¿Qué es lo que grita el presidente de la República y por qué?

El presidente de la nación tocando la campana tras el Grito de Dolores

Aclara tus dudas
Para conocer más sobre este tema, consulta la siguiente página de Internet:

http://www.sanmiguelguide.com/historia-independencia.htm

Tradiciones

Prepárate
¿Sabes cómo viven la Semana Santa los mexicanos?

Actúa
Responde, ¿verdadero o falso?

	V	F
1. La Semana Santa representa para todos los mexicanos días de reflexión.	☐	☐
2. Los mexicanos católicos viven con gran devoción esta semana.	☐	☐
3. La Semana inicia con la celebración del lavatorio de los pies.	☐	☐
4. La Semana Santa recuerda la pasión, muerte y resurrección de Jesús a los católicos.	☐	☐
5. Una tradición es quemar «judas» el Sábado de Gloria.	☐	☐

Procesión popular el Domingo de Ramos

Aclara tus dudas
Para conocer más sobre este tema, consulta la siguiente página de Internet:

http://www.mexicodesconocido.com.mx/la-semana-santa-en-mexico-tradicion-y-fe.html

La Semana Santa

✔ Para la mayoría de los mexicanos católicos, esta semana es muy importante porque se recuerda la pasión, muerte y resurrección de Jesucristo y se llevan a cabo una serie de actividades de carácter religioso. Inicia el Domingo de Ramos con la bendición de las palmas y, de esta manera, se recuerda la entrada de Jesús a Jerusalén. Los días más importantes son jueves, viernes y sábado. El Jueves Santo se lleva a cabo la ceremonia del lavatorio para recordar que Jesús les lavó los pies a los apóstoles como ejemplo de solidaridad e igualdad entre los hombres. El Viernes Santo se llevan a cabo los ejercicios de la agonía del Señor y las Siete Palabras. Por la noche se da el pésame a María, madre de Jesús. El sábado se realiza por la noche la misa de resurrección, la que inicia con la bendición de la fuente bautismal y el cirio pascual.

Procesión de Semana Santa

✔ En algunos lugares, todavía se acostumbra la quema de «judas» que consiste en quemar un muñeco que simboliza a Judas Iscariote, quien traicionó a Jesús cuando lo vendió por 30 monedas a los fariseos.

✔ En esta fecha muchos mexicanos aprovechan para ir de vacaciones a diferentes lugares de México, principalmente van a la playa.

Escultura al penitente en la ciudad de Taxco

México

Módulo 7

▸▸ Visita a la Basílica de Guadalupe

✔ El 12 de diciembre de cada año, una multitud procedente de todos los rincones de México va en procesión a visitar a la Virgen de Guadalupe. Fuera del templo, los danzantes bailan y grupos musicales interpretan canciones a la «Morenita», como se le llama a esta advocación religiosa.

✔ Cuenta la leyenda que entre el 9 y el 12 de diciembre de 1531, diez años después de la caída de Tenochtitlan, un indio llamado Juan Diego fue a ver a Fray Juan de Zumárraga, obispo de México, para contarle que mientras estaba en el Cerro del Tepeyac se le había aparecido una dama muy bella quien le dijo que era la Virgen María. Al principio, el obispo no le creyó, pero cuando Juan Diego extendió su tilma (una especie de manto que usaban en aquellos tiempos los indígenas) frente al obispo, cayeron al suelo varias rosas que la Virgen le había ordenado cortar la tercera vez que se le apareció. Ante esta situación, el obispo aceptó la construcción del templo en honor a la Virgen.

Danzante en la explanada. Atrio de las Culturas (Ciudad de México), donde se encuentra la basílica de Guadalupe

✔ La primera ermita del Tepeyac se construyó a fines de 1531. Más tarde se levantaron otros templos al pie del cerro. En 1976 se construyó la actual Basílica de Guadalupe, en la que caben alrededor de 40 000 personas. Esta basílica es de forma circular, está hecha de mármol y tiene un órgano monumental que ocupa tres de sus diez pisos.

Prepárate
¿Sabes qué actividades llaman la atención a los extranjeros que visitan México?

Actúa
Responde, ¿verdadero o falso?   V   F
1. Una procesión es un grupo de personas que caminan rumbo a un templo para adorar a la Virgen. ☐ ☐
2. Los danzantes no participan de la procesión. ☐ ☐
3. Juan de Zumárraga fue un indígena. ☐ ☐
4. El obispo aceptó construir un templo en honor de la Virgen María. ☐ ☐
5. La actual basílica se construyó en el siglo XVI. ☐ ☐

Payasos y grupos musicales frente a la basílica de Guadalupe el 12 de diciem

Reflexiona
¿Por qué crees que para los mexicanos el 12 de diciembre es un día muy importante?

Aclara tus dudas
Visita la web de Edelsa > Zona Estudiante > México y pulsa en el enlace 13.

México

Tradiciones

Prepárate
¿Sabes qué es la charrería?

Actúa
Responde a estas preguntas:
1. ¿Qué significa el charro para el mundo?
2. ¿Qué caracteriza a los charros?
3. ¿Cuándo surgió la charrería?
4. ¿Cómo describirías la fiesta charra?
5. ¿Quiénes participan en las charrerías?

Charro con lazo

Reflexiona
¿Por qué crees que en México tiene tanta importancia la charrería?

Sombrero charro

Aclara tus dudas
Para conocer más sobre este tema, consulta la siguiente página de Internet:

http://www.mexicomaxico.org/dadivas/charreria.htm

Visita la web de Edelsa > Zona Estudiante > México y pulsa en el enlace 14.

▶▶ La charrería

✔ Representa la serie de suertes o movimientos acrobáticos con un lazo o una cuerda que realiza el charro, persona dedicada a la cría de ganado, es diestro en el manejo del lazo y en la doma de caballos; se caracteriza por vestir un pantalón ajustado, que tiene botonadura de plata a los costados; usa camisa blanca, corbata de lazo, chaleco, chaqueta corta y un sombrero de copa alta y ala ancha. El charro es considerado como el símbolo de la mexicanidad.

✔ Es un ritual casi religioso para los charros de un código de conducta que no solo implica saber lazar un novillo o montar un caballo, sino también cómo llevar el sombrero, sentarse, tratar a una dama y conversar en una reunión.

✔ La época de oro de la charrería fueron los últimos años del siglo XIX, cuando el charro creía firmemente en sus ideales de hombre mexicano: honrado, cabal e íntegro. Actualmente la fiesta charra se inicia con el desfile general de los charros participantes y de las adelitas, quienes recorren en sus corceles el ruedo y rinden honores a la bandera.

Yo soy mexicano, mi tierra es bravía.
Palabra de macho, que no hay otra tierra más linda
y más brava, que la tierra mía.

Yo soy mexicano y orgullo lo tengo,
nací despreciando la vida y la muerte.
Y, si echo bravatas, también las sostengo.

Mi orgullo es ser charro, valiente y braga'o,
traer mi sombrero con plata borda'o,
que naiden me diga que soy un raja'o.

Correr mi caballo, en pelo monta'o,
pero más que todo seré enamora'o
yo soy mexicano, muy atravesa'o.

Yo soy mexicano, por suerte mía.
La vida ha querido que por todas partes
se me reconozca por mi valentía.

Yo soy mexicano, de naiden me fío
y como Cuauhtémoc, cuando estoy sufriendo,
antes que rajarme, me aguanto y me río.

Me gusta el sombrero, echado de la'o
pistola que tenga cacha de pela'o,
fumar en hojita tabaco pica'o,
jugar a los gallos, saberme afama'o
pero más que todo, ser enamora'o.

Yo soy mexicano, muy atravesa'o.

Fuente: musica.com

México

Módulo 7

La Guelaguetza

✔ En la ciudad de Oaxaca se celebra la Fiesta de los Lunes del Centro o la Guelaguetza en honor de la Virgen del Carmen. Se lleva a cabo los dos lunes siguientes al 16 de julio. En esta fiesta participa todo el pueblo porque les recuerda a Centéotl, diosa, entre los indígenas, del maíz tierno o elote, a quien hacían grandes honores y ofrendas.

✔ La palabra *Guelaguetza* es de origen zapoteco y significa *participar cooperando*, es una palabra que evoca a la reciprocidad y así se demuestra en sus expresiones: música, danza, bailes y cantos representados por grupos de las siete regiones tradicionales de Oaxaca: que provienen de los Valles Centrales, la Sierra Juárez, la Cañada, Tuxtepec, la Mixteca, la Costa y el Istmo de Tehuantepec; llegan a la ciudad para presentar una muestra de su patrimonio cultural a través de bailes, música y cantos típicos de su lugar de origen.

✔ Los trajes tradicionales de gala son también un ejemplo de su cultura y respeto por este acontecimiento.

Actuación durante la Guelaguetza 2012 en un teatro de Oaxaca

Prepárate
¿Sabes qué expresa la frase «Del pueblo y para el pueblo»?

Actúa
Responde a las preguntas:
1. ¿Qué significa la palabra *Guelaguetza*?
2. ¿Dónde y cuándo se celebra esta fiesta?
3. ¿De dónde provienen los grupos que participan?
4. ¿Cómo describirías la fiesta de la Guelaguetza?
5. ¿Qué caracteriza esta fiesta?

Reflexiona
¿Por qué es importante la fiesta de la Guelaguetza para los habitantes de Oaxaca?

Aclara tus dudas
Visita la web de Edelsa > Zona Estudiante > México y pulsa en el enlace 15.

Tradiciones

Prepárate
¿Cómo se celebran los cumpleaños en tu país?

Actúa
¿Qué son *Las mañanitas*?

Piñata

Aclara tus dudas
Visita la web de Edelsa > Zona Estudiante > México y pulsa en el enlace 16 para escuchar una versión de *las mañanitas*.

Estas son las mañanitas
que cantaba el rey David.
Hoy, por ser el día de tu santo,
te las cantamos a ti.
Despierta, mi bien, despierta,
mira que ya amaneció,
ya los pajaritos cantan,
la Luna ya se metió.

Letra de *Las mañanitas*

▶▶ Las mañanitas

✔ Tradicionalmente, el día del cumpleaños se cantan *Las mañanitas*, una canción popular que se ha extendido a otros países de América Latina, como Bolivia o Colombia.

✔ Se suele cantar al cumpleañero antes de comer el pastel de cumpleaños.

✔ A las chicas que cumplen 15 años, en muchos casos, unos mariachis contratados dan una serenata y les cantan la canción a medianoche.

DIPLOMAS DE ESPAÑOL COMO LENGUA EXTRANJERA

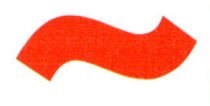

INTERCULTURALIDAD

Somos todos iguales, somos todos diferentes.

～ Haz una lista de las celebraciones más importantes de tu país.

～ Describe una de ellas. ¿Qué se hace?

～ ¿Qué diferencias y similitudes hay entre las fiestas de tu país y las mexicanas?

～ Haz una presentación de una celebración. Tienes 2 minutos.

México

Módulo 8

México

Cultura popular

Prepárate

- ¿Qué sabes de los deportistas mexicanos?
- ¿Conoces a Hugo Sánchez y su tiro «chilena»?
- Di nombres de famosos de la música o del deporte mexicanos.

Máscara de luchador mexicano

Módulo 8

▶▶ ¡Viva el fútbol!

✔ El fútbol en México es el deporte más popular, especialmente en el centro del país. Atrae a miles de aficionados. Se divide en Primera División, Liga de Ascenso, Segunda División, Tercera División y Sector Amateur que no es profesional.

El estadio Olímpico Universitario

✔ La máxima autoridad del fútbol es la Federación Mexicana de fútbol creada en 1927. El fútbol en México es el deporte más practicado tanto a nivel nacional como a nivel internacional; la cantidad de clubes deportivos interesados en el profesionalismo han llevado a la Federación a crear divisiones: primera, segunda y tercera.

✔ Hugo Sánchez Márquez nació en México D.F., en 1958. Su padre, Héctor Sánchez, también fue futbolista. A los catorce años ya jugaba en la Selección olímpica mexicana. Más tarde, en 1976 jugó con los Pumas de la Universidad Nacional Autónoma de México (UNAM). Llegó a consagrarse como máximo goleador del campeonato mexicano. Tras cinco temporadas en la UNAM, y con 99 goles conseguidos, decide enrolarse en la liga española. Formó parte de los equipos españoles Atlético de Madrid y Real Madrid.

Camiseta de los Pumas

Hugo Sánchez cuando jugaba en el Real Madrid

Prepárate
¿Sabes quiénes son los futbolistas mexicanos más destacados en los últimos años?

Actúa
Responde a estas preguntas:
1. ¿Cuál es el deporte más popular en México?
2. ¿Cuál es la máxima autoridad en el fútbol mexicano?
3. ¿Cuántas divisiones existen?
4. ¿Qué futbolista llegó a ser el máximo goleador del campeonato mexicano?
5. ¿Quién se dedica a comentar los partidos de fútbol?
6. ¿Qué futbolista, a pesar de su juventud, es considerado un gran futbolista a nivel internacional?

La Selección nacional celebra un gol durante los Juegos Olímpicos de 201

Reflexiona
¿Qué hace que un futbolista pueda jugar a nivel internacional?

México

Cultura popular

Aclara tus dudas
Para conocer más sobre este tema, consulta la siguiente página de Internet:

http://es.wikipedia.org/wiki/Javier_Hern%C3%A1ndez_Balc%C3%A1zar#Resumen_estad.C3.ADstico

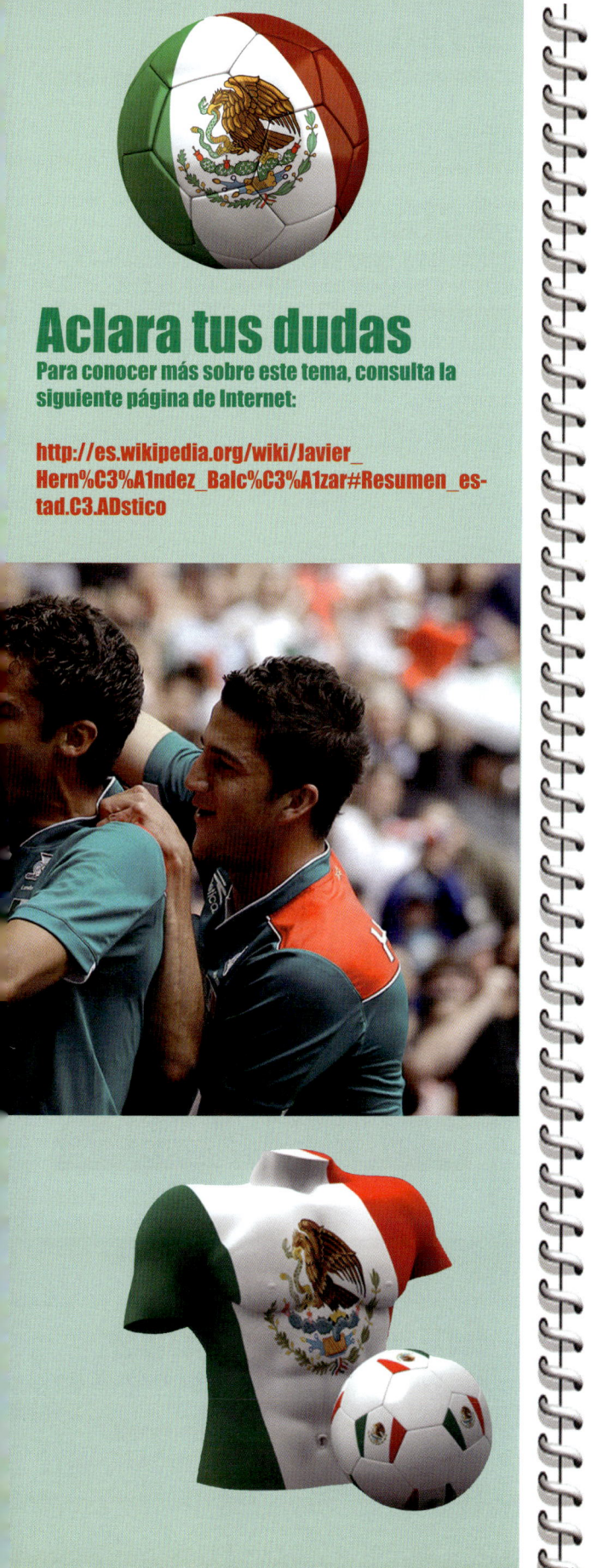

✔ En 1997, regresó a México después de haber jugado 347 partidos y marcado 234 goles en España.

✔ Hugo destacó siempre por ser un delantero centro, un gran goleador, tanto de cabeza como de chilena (con la pierna izquierda hacia atrás saltando), siempre dispuesto a culminar la jugada en gol. Muy ágil, de hábiles desmarques. Dueño del área y terror de guardametas, no le daba miedo tirar a puerta, y lo hacía con extraordinaria elasticidad, consiguiendo goles bellísimos. Ha sido considerado como el futbolista mexicano de mayor fama internacional.

✔ Luis García Postigo nació en la Ciudad de México. Inició su carrera jugando para los Pumas de la UNAM en el año de 1986. En la temporada 1990-1991 resultó campeón goleador de la liga mexicana con un total de 26 anotaciones, lo que le valió para ser transferido al Atlético de Madrid.

✔ A través de los años ha jugado en varios equipos mexicanos. Se retiró a principios del año 2000 y actualmente trabaja como comentarista deportivo para TV Azteca. Eventos internacionales a los que ha asistido como comentarista son los Mundiales de Corea-Japón 2002, Alemania 2006 y Sudáfrica 2010, la Copa América de 2007, así como los Juegos Olímpicos de Beijing 2008.

✔ Javier Hernández Balcázar, joven futbolista mexicano, mejor conocido como *El Chicharito*, inició su carrera a los nueve años en el Club Guadalajara. Por su destacada participación en ese equipo ha formado parte de la Selección mexicana y ha participado en varias copas del mundo. Ha jugado más de 145 partidos y metido un promedio de 66 goles. Desde el 2010 juega como delantero en el Manchester United.

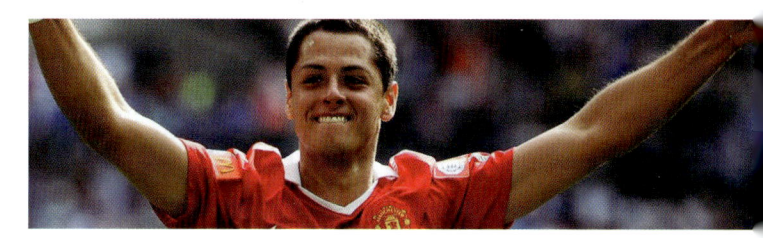

Javier Hernández Balcázar

✔ Ha recibido varias distinciones como la de Goleador del Bicentenario 2010, en tres ocasiones la de Jugador del mes del Manchester United (noviembre de 2010, enero y abril de 2010); la de Jugador del año Sir Matt Busby (2011), Bota de Oro al «Mejor Goleador» de la Copa de Oro de la Concacaf y el jugador más valioso de la Copa de Oro de la Concacaf (2011).

Módulo 8

La lucha libre

✔ En México, una manifestación popular es la lucha libre, considerada como un espectáculo deportivo que combina disciplinas de combate y artes escénicas. Los luchadores vestidos con un pantalón de licra pegado y, la mayoría de las veces, con la cara cubierta con una máscara representan combates cuerpo a cuerpo, realizando una serie de acrobacias sobre el cuadrilátero o *ring*.

✔ El Santo o Enmascarado de Plata es toda una tradición en la lucha libre mexicana. Su nombre verdadero fue Rodolfo Guzmán Huerta y nació en Tulancingo, Hidalgo, México, el 23 de septiembre de 1917. Murió el 5 de febrero de 1984. Es considerado como un digno representante de la cultura popular mexicana. No solo fue luchador, sino también actor en el cine mexicano. Actuó en más de 100 películas.

✔ Blue Demon, nombre artístico de Alejandro Muñoz Moreno, nació en 1922 en el Estado de Nuevo León. Fue campeón mundial wélter al vencer por dos caídas al Santo. El Enmascarado de Plata filmó con él varias películas. Murió a la edad de 78 años. Su hijo adoptivo, Blue Demon Jr, continúa su carrera.

✔ Místico es una de las figuras sobresalientes de la lucha libre de los últimos años. Su nombre verdadero es Luis Ignacio Urive Alvirde. Ha destacado en el Consejo Mundial de Lucha Libre. Ganó el torneo de parejas Gran Alternativa con el Hijo del Santo. Lo han hecho popular en México sus movimientos en el aire. A lo largo de su carrera ha luchado bajo diferentes nombres: Dr. Karonte Jr., Astro Boy I, Komachi, Místico y Sin Cara, nombre actual.

«El sueño del niño se hizo realidad: El Hijo del Santo es el resultado del esfuerzo de 25 años como luchador profesional. Festeja su aniversario apostando la mítica máscara a su acérrimo rival Blue Demon Jr».

(Fuente: *La Jornada*. Jueves 18 de octubre de 2007).

Prepárate
¿Por qué crees que los luchadores usan máscaras?

Actúa
Responde, ¿verdadero o falso? V F
1. El Enmascarado de Plata fue padre de Místico.
2. El Santo fue también actor de cine.
3. Blue Demon venció al Santo.
4. El hijo del Santo es gran amigo de Blue Demon Jr.
5. Luis Ignacio Urive Alvirde es el nombre del luchador Sin cara.

Reflexiona
¿Cuál crees que es la causa por la que en México la lucha libre es uno de los espectáculos deportivos más populares?

Luchador

Aclara tus dudas
Para conocer más sobre este tema, consulta la siguiente página de Internet:
http://mx.video.search.yahoo.com/search/video?ei=UTF-8&p=el+hijo+del+santo&fr2=tab-web&fr=yfp-t-706-s

Cultura popular

Prepárate
Piensa en tu deporte favorito. ¿Cuáles son las reglas?

Actúa
Responde a las preguntas:
1. ¿Cuál es el origen del juego de pelota?
2. ¿Qué simbolizaba?
3. ¿Cuál es la regla actual?

Reflexiona
¿Por qué crees que el juego de pelota se dice que es mesoamericano?

Juego de pelota mesoamericana hoy

Juego de pelota en las ruinas de Uxmal

▶▶ Juego de pelota mesoamericano

✔ El juego de pelota mesoamericano fue un deporte con connotaciones rituales. Durante los milenios de su existencia, el deporte ha conocido distintas versiones en diferentes lugares. Una versión moderna del juego se sigue practicando todavía en algunos lugares de Guatemala y México.

✔ Las reglas del juego de pelota no se conocen, pero el objetivo de la versión actual es mantener la bola en juego y meterla en los aros de piedra.

Niños jugando a la pelota hoy

✔ Este juego de pelota dramatizaba el movimiento de los astros en el firmamento, y en teoría sus descendientes actuales también lo hacen; claro está que ahora los equipos vencidos no son sacrificados a los dioses.

✔ En la versión más difundida del juego, los jugadores golpeaban la pelota con las caderas. Otras versiones permitían el uso de los antebrazos, raquetas, bates, o la manopla (piedra de mano). La pelota estaba hecha de caucho y pesaba hasta 4 kilos, aunque el tamaño de la pelota difería mucho en el tiempo o según la versión del juego.

México 79

Módulo 8

La música popular

Los mariachis

✔ Son grupos de personas vestidas de charros acompañados por instrumentos como la vihuela, la guitarra, el guitarrón, violines, las trompetas y, a veces, el arpa y la flauta, que interpretan, generalmente, sones y acompañan a los intérpretes de canciones rancheras.

✔ Están siempre presentes en las fiestas tradicionales como los bautizos, los quince años y las bodas. En la Ciudad de México se reúnen para ofrecer sus servicios o acompañar a las personas que llegan a celebrar algún evento importante en sus vidas en la Plaza de Garibaldi del Distrito Federal y en Tlaquepaque en el estado de Jalisco.

✔ Destacan el Mariachi México de Pepe Villa y el Vargas de Tecalitlan, considerado como el mejor mariachi del mundo.

✔ A nivel internacional son reconocidos como un símbolo mexicano por la interpretación de *México Lindo y Querido*.

Las canciones rancheras

✔ Representan la clásica música popular mexicana. Los cantantes se acompañan con los mariachis e interpretan canciones sosteniendo largamente una nota al final de una estrofa o línea, a lo que se llama *falsete*, con temas amorosos, de despecho, de la vida del campo...

✔ Destacan cantantes como Pedro Infante, Jorge Negrete, Lola Beltrán y Vicente Fernández.

Prepárate
Investiga qué tipo de música es considerada como popular.

Actúa
Responde, ¿verdadero o falso?

	V	F
1. Los mariachis cantan rancheras.	☐	☐
2. Solo actúan en la Ciudad de México.	☐	☐
3. Utilizan guitarras, guitarrones y otros instrumentos de cuerda.	☐	☐
4. No usan tambores.	☐	☐
5. No cantan canciones, solo tocan instrumentos.	☐	☐
6. Las rancheras solo hablan de amor.	☐	☐

Aclara tus dudas
Para conocer más sobre este tema, consulta las siguientes páginas de Internet:

http://www.mariachis.com.ar/historia.htm
http://www.elmundo.es/america/2011/03/12/mexico/1299941468.html

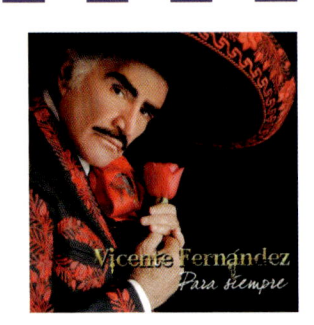

Cultura popular

Actúa

A partir de las preguntas, describe lo que son las bandas musicales.
1. ¿Qué son las bandas musicales?
2. ¿Qué tipo de instrumentos emplean?
3. ¿Cómo se visten los integrantes de las bandas?
4. ¿De qué otra manera se le conoce a este tipo de música?
5. ¿Qué grupos son representativos de las bandas?

Trompeta

Acordeón

Guitarra

Tambora

Reflexiona

¿Qué caracteriza a las bandas musicales mexicanas?
¿El mariachi es una banda musical? ¿Por qué?

Los Tucanes de Tijuana

▶▶ Las bandas musicales

✔ Surgen en el norte de México, pero se escuchan en todo el país. Para producir esta música se emplean instrumentos de viento, el acordeón, la guitarra, el bajo y la tambora.

✔ Los temas preferidos son el amor, el despecho. Utilizan, además, como género musical el corrido en que se cantan sucesos trágicos.

✔ La vestimenta de los integrantes se compone de camisa vaquera con estoperoles o bordada, chaleco, pantalones, sombrero y botas.

Los Tigres del Norte

✔ Actualmente se conoce a esta música como *grupera*. Destacan grupos como Los Tigres del Norte, Los Tucanes de Tijuana y la Banda El Recodo.

Banda El Recodo

México

Módulo 8

▶▶ La expresión juvenil

Los rocanroleros

✔ El rocanrol acompaña a la juventud mexicana desde la segunda mitad del siglo XX. Grupos como los Locos del Ritmo, los Teen Tops y los Rebeldes del Rock, adaptaron los rocanroles de Estados Unidos y los pusieron de moda entre los chavitos de secundaria y prepa de clase media. Estos jóvenes establecieron señas de identidad: cola de caballo, faldas amplias, pantalones de mezclilla, lenguaje propio, e ideológicamente empezaron a cuestionar el modelo autoritario de la clase media mexicana.

✔ Con el tiempo, el *rock* deja de ser satanizado y, actualmente, se manifiesta como un movimiento que se renueva y se acerca al mundo de las estructuras musicales y letrísticas, lo que lo hace más comercial. Sin embargo, hay otras manifestaciones en las que se fusionan estilos, se mezclan *rock* y hip hop, con letras irreverentes y temáticas personales, con fuertes dosis de crítica social que siguen cautivando a los jóvenes.

✔ Destacan grupos como Caifanes, El Tri, Maldita Vecindad, Santa Sabina, Los amantes de Lola, Café Tacuba, Molotov.

✔ Uno de los grupos más conocidos internacionalmente es Maná, nombre que significa «energía positiva». El sonido del grupo se basa en el pop *rock*, pop latino. Esta banda mexicana de *rock* ha ganado cuatro premios.

Cartel de concierto de *rock* en la capital mexicana

Integrantes del grupo Maná

Prepárate
Investiga cuáles son los tipos de *rock* que se escucha en tu país.

Actúa
¿Por quién (es) fue creado movimiento musical representado por el *rock*?
¿Qué caracterizaba a los seguidores de los conjuntos de *rock*?
¿Qué expresan las canciones de los rocanroleros?

Reflexiona
¿Por qué crees que hoy los jóvenes prefieren música rocanrolera y no ritmos más tradicionales?

Aclara tus dudas
Para conocer más sobre este tema, consulta las siguientes páginas de Internet:

http://www.youtube.com/watch?v=be7GHu-M4Vs

http://www.lastfm.es/music/Cecilia+Toussaint/+videos/+1-P0tglEZnVAY

Visita la web de Edelsa > Zona Estudiante > México y pulsa en el enlace 17 para ver un video.

Cultura popular

Disco *El diablito* del grupo Caifanes

Disco *Hecho en México* del grupo El Tri

Actuación en directo del grupo Maldita Velocidad

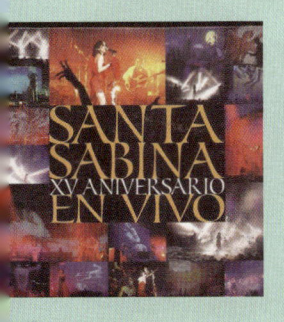

Disco del XV aniversario del grupo Santa Sabina

Disco en vinilo del grupo Los amantes de Lola

Actuación en directo del grupo Molotov

✓ Te presentamos un fragmento de una de sus canciones.

LLUVIA AL CORAZÓN
¿Por qué lloras, mi amor?
¿Qué te fluye en la piel?
Te despiertas en el llanto
con espantos de dolor.
Son los monstruos del ayer,
son tus miedos corazón.
Sabes bien que yo te amo
y te pido tengas fe.
No sufras más no, mi bebe.
Eres la mariposa
que vuela hacia el huracán.
Cuéntame de tu pesar,
suelta todo tu dolor, dímelo.
Aaaaaaaaa amor.
Un huracán y una mariposa
llegan. Se dan la cara
en medio de la mar.
Lluvia de esperanza.
Lluvia al corazón.
Siempre ahí estaré.
No te fallaré.
Desde el cielo, lluvia al corazón.
Sol que lanza la esperanza.
La esperanza y la luz
No importa lo que pase.
No importa jamás no, no.
Lluvia al corazón.

DIPLOMAS DE ESPAÑOL COMO LENGUA EXTRANJERA

INTERCULTURALIDAD

Somos todos iguales, somos todos diferentes.

~ Piensa y recopila esta información de tu país:
- ¿Cuál es el deporte más popular?
- ¿Hay algún deporte propio de tu país?
- ¿Cuáles son las reglas?
- ¿Cómo es la música tradicional?
- ¿Qué instrumentos se tocan?
- ¿Cuáles son los cantantes o grupos más conocidos?

~ Haz una presentación sobre la cultura popular de tu país. Compárala con la mexicana. Tienes 2 minutos.

México

Módulo 9

México es el décimo destino turístico más visitado del mundo. La Secretaría Mexicana de Turismo sugiere seis rutas distintas. ¡Conoce sus características! ¡Ven a México!

MÉXICO

Logotipo de México de la Secretaría Méxicana de Turismo

¡Conoce México!

Catedral barroca de Aguascalientes
Templo de Kukulcán (Chichén Itzá)
Mercado de artesanía indígena
Estados desérticos del norte
Cenote en Valladolid (Yucatán)
Clavadista de Acapulco
Pirámide maya de Cobá
Ciudad colonial de Querétaro
Centro turístico de Puerto Vallarta
Parque de Xochimilco en Ciudad de México

Prepárate

~ ¿Qué lugares arqueológicos conoces de México?
~ ¿Sabías que la Unesco ha considerado varias zonas arqueológicas de México como Patrimonio de la Humanidad?

México 85

Módulo 9

Mundo maya

✔ A través de las pirámides y los monumentos que se encuentran en Campeche, Quintana Roo, Tabasco y Yucatán, se puede observar la grandiosidad de la cultura maya.

Pirámide entre la jungla, Calakmul (Campeche)

✔ En el estado de Campeche, destaca como enclave arqueológico maya por su esplendor Calakmul, que significa «dos montículos juntos». Es una de las ciudades más importantes de la civilización maya. Por su valor histórico es considerada por la Unesco como Patrimonio Cultural de la Humanidad.

✔ En Balamkú se encuentra el Templo del Jaguar, decorado con motivos felinos y un friso muy impresionante de donde proviene el nombre de Balamkú, nombre del maya yucateco que significa «Templo del Jaguar».

Actúa

1. Relaciona.

1. Calakmul significa...
2. Balamkú significa...
3. Tulum significa...
4. Palenque significa...

a. «Templo del Jaguar»
b. «recinto» o «muralla»
c. «estacada» o «empalizada»
d. «dos montículos juntos»

2. Responde, ¿verdadero o falso?　　V　F

1. En el D.F., Veracruz, Hidalgo, Tlaxcala, Tabasco, Chiapas y Oaxaca se desarrolló la cultura maya.
2. Balamkú está en el estado de Campeche.
3. Palenque es la ciudad más importante de la altiplanicie.
4. En Tulum se hallan edificios dedicados a la astronomía.
5. En Uxmal la mayoría de los edificios estaban dedicados a observaciones astronómicas.

Interior del Templo del Jaguar, Balamkú (Campeche)

México

¡Conoce México!

Aclara tus dudas
Para conocer más de estos lugares, visita las siguientes páginas de Internet:

http://www.sectur.gob.mx/es/sectur/sect_Programa_Mundo_Maya
http://www.youtube.com/watch?v=iIBTSlIIVic

¿Cuál de estos lugares te gustaría conocer y por qué?

Pirámide en Cobá (Quintana Roo)

Reflexiona
¿Por qué crees que tantos lugares del mundo maya hayan sido declarados Patrimonio de la Humanidad?

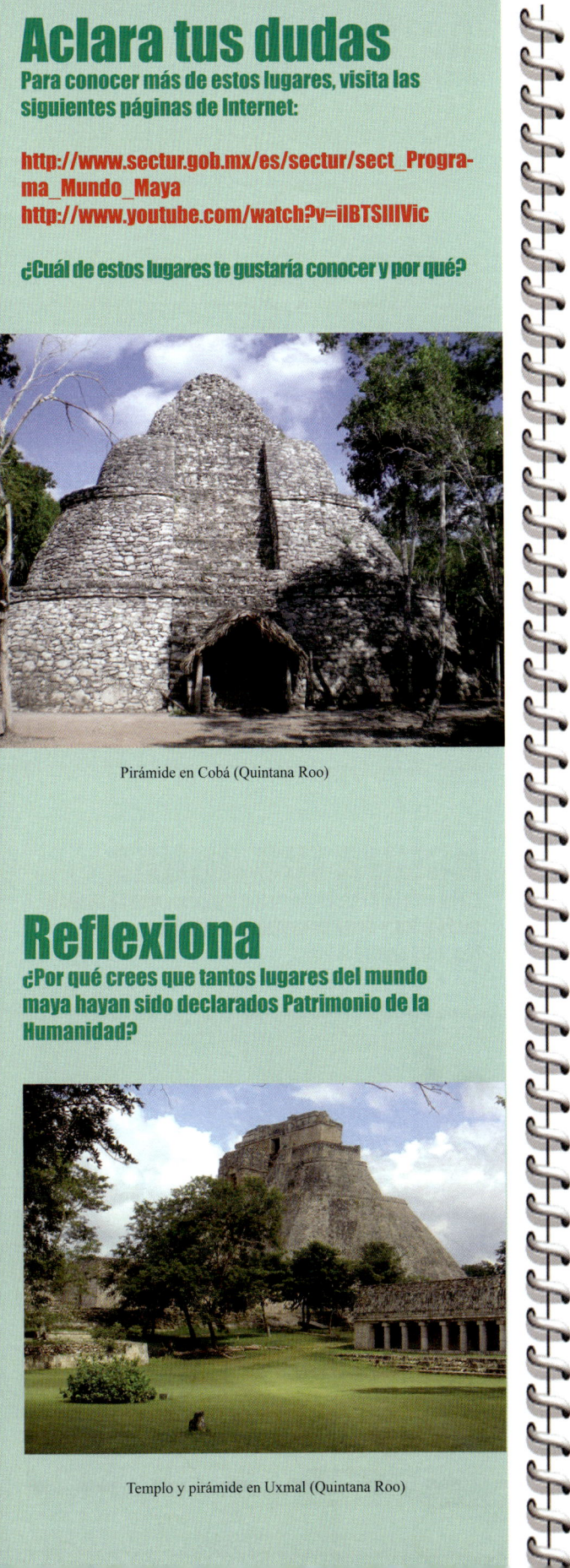

Templo y pirámide en Uxmal (Quintana Roo)

✔ Chiapas conserva sitios arqueológicos de gran categoría como Palenque que significa «estacada» o «empalizada». Fue la ciudad más importante de las tierras bajas y, también, ha sido considerada Patrimonio de la Humanidad. Allí se conservan una variedad de restos arqueológicos, arquitectónicos, pictóricos y documentos escritos con rasgos de la escritura maya que informan sobre su larga y fructífera historia, como se puede apreciar en el Templo de las inscripciones.

Palenque (Chiapas)

✔ En Quintana Roo, existe una variedad de zonas arqueológicas mayas, como Cobá que fue una de las más importantes metrópolis del mundo maya hasta que Chichén Itzá le restó importancia al extender su dominio.

✔ En Quintana Roo, Tulum, que significa «recinto» o «muralla», es probablemente la zona arqueológica más conocida de la Riviera Maya. Se caracteriza por el hecho, según los hallazgos, de que sus edificios estaban dedicados a observaciones astronómicas.

Pirámide de Kukulkán (Chichén Itzá)

México 87

Módulo 9

▶▶ Ruta de los Dioses

✔ El Programa Ruta de los Dioses, llamado así por la Secretaría de Turismo de México (SECTUR) y adoptado por varias compañías turísticas, lo integran los estados de: Oaxaca, Puebla, Tlaxcala, Veracruz y el Distrito Federal. Su extensión territorial comprende desde la costa del golfo de México hasta el océano Pacífico y cuenta con atractivos ricos en cultura, naturaleza, gastronomía y tradiciones, lo que permite ofrecer circuitos y rutas turísticas, lugares con sol y playa, cultura y negocios.

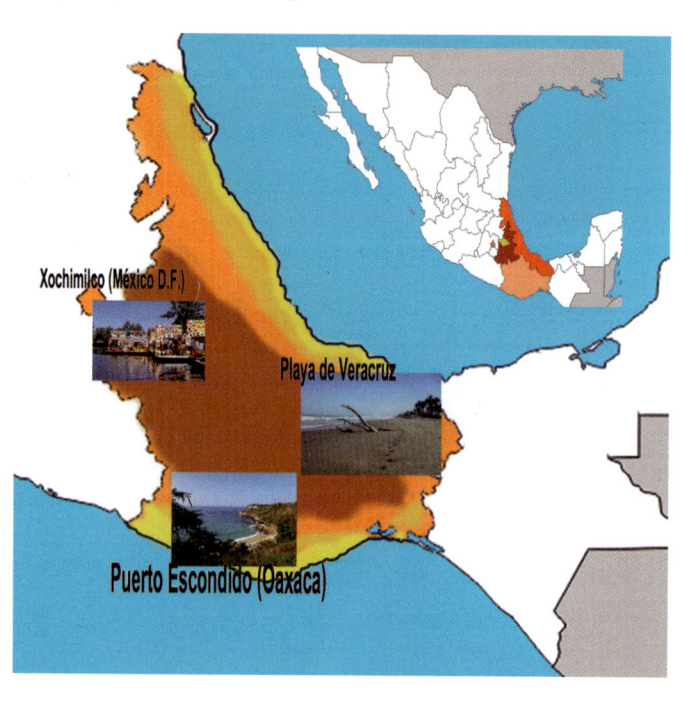

Xochimilco (México D.F.)
Playa de Veracruz
Puerto Escondido (Oaxaca)

✔ La cultura legada por los antepasados indígenas se caracteriza por estar ligada a los dioses que conforman el gran panteón de los olmecas, los mixtecos, los zapotecas y los mexicas. Todos estos dioses estaban dedicados a algún fenómeno de la naturaleza, a los astros, a la guerra, a la fertilidad. Entre esos dioses podemos mencionar a:

Coatlicue, diosa madre

Huehueteotl, dios del fuego

Huitzilopochtli, dios de la guerra

Quetzalcoatl, dios de la vida, la luz, la sabiduría, la fertilidad y el conocimiento

Tlaloc, dios de la lluvia

Actúa
Responde a las preguntas:
1. ¿A qué se le llama Ruta de los Dioses?
2. ¿Qué elementos representan los dioses?
3. ¿Qué caracteriza a los estados que conforman esta ruta?
4. ¿Qué materiales se utilizan para elaborar las artesanías?
5. ¿En qué estados puedes disfrutar de playas?

Reflexiona
¿Por qué crees que la SECTUR haya dado el nombre de *Ruta de los Dioses*?
¿En tu país existen lugares como estos para visitar? Menciónalos.

Aclara tus dudas
Para conocer más de estos lugares, **visita la web de Edelsa > Zona Estudiante > México** y pulsa en los enlaces 18 a 23.

¡Conoce México!

Puesto de artesanía

Chiles en nogada (Puebla)

Barcas en el lago en el parque de Xochimilco (Ciudad de México)

✔ Estas culturas, que se desarrollaron a lo largo de la costa del Golfo de México hasta el Océano Pacífico, cuentan con atractivos ricos en cultura, naturaleza, y además se puede conocer la gastronomía, las tradiciones y las artesanías de esos hermosos lugares, en los que también hay playas que visitar.

✔ Entre sus artesanías destacan figuras elaboradas con madera, arcilla, jade; textiles, y adornos hechos de piedras sacadas de ríos.

✔ Como en toda la República Mexicana, estos lugares se caracterizan por su deliciosa cocina: mole negro, chiles en nogada, tamal de huitlacoche, huachinango a la veracruzana, tlacoyos.

Mole negro (Oaxaca)

✔ Además de visitar en estas ciudades una variedad de museos, se puede comer en restaurantes típicos, participar en fiestas populares, además de ir a playas como Puerto Escondido, en Oaxaca; Mocambo, Boca del Río o Chachalacas en Veracruz.

Puerto Escondido (Oaxaca)

✔ En el Distrito Federal existen variedad de lugares, como Chapultepec, Xochimilco, Coyoacán; museos; y antros en donde uno se puede divertir. En la ciudad de «la eterna primavera», Cuernavaca, se puede pasear por el zócalo y beber deliciosos esquimos, una deliciosa bebida helada.

(Fuente: http://www.sectur.gob.mx/es/sectur/sect_Programa_Ruta_de_los_Dioses).

México 89

Módulo 9

Tesoros de México

✔ México se caracteriza por conservar grandes manifestaciones de la época colonial que se encuentran en los estados de Aguascalientes, Durango, Guanajuato, Michoacán, Querétaro, San Luis Potosí y Zacatecas. Estas ciudades se distinguen por la gran riqueza patrimonial e histórica.

✔ En **Aguascalientes** hay importantes edificios, como el Palacio de Gobierno, la catedral, el teatro Morelos y la biblioteca Jaime Torres Bodet, en cuyas fachadas se empleó como material la cantera rosa.

Catedral de Aguascalientes

Prepárate
¿Qué sabes de los estados mexicanos de Zacatecas, Guanajuato y Durango?

Actúa

1. Relaciona.

1. Estado que se caracteriza por la variedad de productos artesanales.
2. Convertido en un gran desarrollo industrial.
3. Tiene una catedral-basílica de estilo barroco.
4. Fue en la época de la colonia el mayor productor de plata.
5. La Casa de la Virreina se encuentra en...

a. Aguascalientes
b. Guanajuato
c. San Luis Potosí
d. Zacatecas
e. Michoacán

2. Responde, ¿verdadero o falso?   V   F

1. En México se desarrollaron grandes ciudades mineras.
2. En la mayoría de los edificios coloniales se empleó cantera rosa.
3. El estilo barroco no es propio de México.
4. La zona, en general, es muy verde.

Catedral de Morelia

México   90

¡Conoce México!

Reflexiona
¿Qué caracteriza a estas ciudades coloniales?

Catedral-basílica de Zacatecas

Aclara tus dudas
Para conocer más de estos lugares, **visita la web de Edelsa > Zona Estudiante > México y pulsa en los enlaces 24 a 26.**

San Luis Potosí

✔ Recorrer Aguascalientes permite revivir el pasado colonial cuando nació y se desarrolló como sitio de paso para el norte minero. Después de haber vivido épocas difíciles, como fueron la guerra de Independencia y la Revolución mexicana, actualmente es una ciudad con un gran desarrollo industrial.

✔ La ciudad de **Zacatecas** se fundó en 1548 como un lugar minero. Sobre calles empedradas, destaca la catedral-basílica que tiene una fachada barroca y en la que predomina la ornamentación de sus torres y el frente central tallados en cantera rosa.

✔ El estado de **Guanajuato** es también un lugar dedicado a la minería. En la época de la colonia se convirtió en el mayor productor de plata de todo el imperio español; por todo el estado se encuentran joyas arquitectónicas del arte clerical con estilo churrigueresco.

✔ **Querétaro** encierra todo lo que se puede esperar de un lugar: una ciudad con estilo colonial en su centro histórico. El estado de Querétaro es árido y agreste con montañas rocosas, de arquitectura colonial y cálida.

Centro histórico de Querétaro

✔ El estado de **Michoacán** se caracteriza por su entrañable esencia histórica. En ciudades como Morelia, la capital del estado, encontramos una arquitectura civil y religiosa, así como una gran tradición en productos artesanales.

✔ **San Luis Potosí** es considerada también una ciudad minera. Estuvo habitada en sus inicios por tribus chichimecas. En 1592 se fundó la ciudad de San Luis Potosí. Alrededor de la Plaza de Armas, se encuentran los edificios barrocos más importantes, como la Casa de la Virreina.

Módulo 9

▶▶ Centros de playa

✔ México ofrece al viajero interesado en la recreación y el esparcimiento 11 000 kilómetros de litoral con una diversidad en su composición natural, tipo de arena, oleaje y fauna marina del Pacífico, el mar de Cortés, el Golfo de México y el mar Caribe. México cuenta con importantes destinos, cada uno con atractivos diferentes en Baja California Sur, Colima, Guerrero, Jalisco, Nayarit, Oaxaca, Sinaloa y Quintana Roo.

✔ Baja California Sur ofrece al turista maravillosos lugares para descansar bajo el sol, nadar, pescar y cazar, y, además de comer buen pescado y mariscos, ver ballenas. En Baja California Sur se encuentran también Mulegé lugar que significa «río entre dos rocas». Este lugar es un pueblecito creado alrededor del cauce de un arroyo. Además, se puede visitar el santuario de las ballenas.

Santuario de ballenas (Baja California Sur)

✔ Colima cuenta con más de 150 kilómetros de litoral costero que van desde Barra de Navidad, al norte, en la frontera con el estado de Jalisco, hasta Playa Boca de Apiza, al sur, ya casi en los linderos con Michoacán. Las playas de Manzanillo son las más conocidas.

Prepárate

¿Qué playas conoces de México?
¿Has oído hablar de los clavadistas?

Acapulco, vista aérea

Actúa

Contesta a las preguntas:

1. ¿Qué lugar significa «río entre rocas»? ¿Dónde se encuentra?
2. ¿Qué playas del estado de Colima son las más conocidas?
3. ¿Qué playas son las más visitadas?
4. ¿Qué lugar del Golfo de México es preferido por los turistas extranjeros?

92 México

¡Conoce México!

Playa de Manzanillo (Michoacán)

Reflexiona
Para ti, ¿qué lugares son los mejores para descansar o pasar unas divertidas vacaciones?

Aclara tus dudas
Para conocer más de estos lugares, **visita la web de Edelsa > Zona Estudiante > México y pulsa en los enlaces 27 a 30.**
Y a ti, ¿qué playa te gustaría conocer?

Playa de Cancún

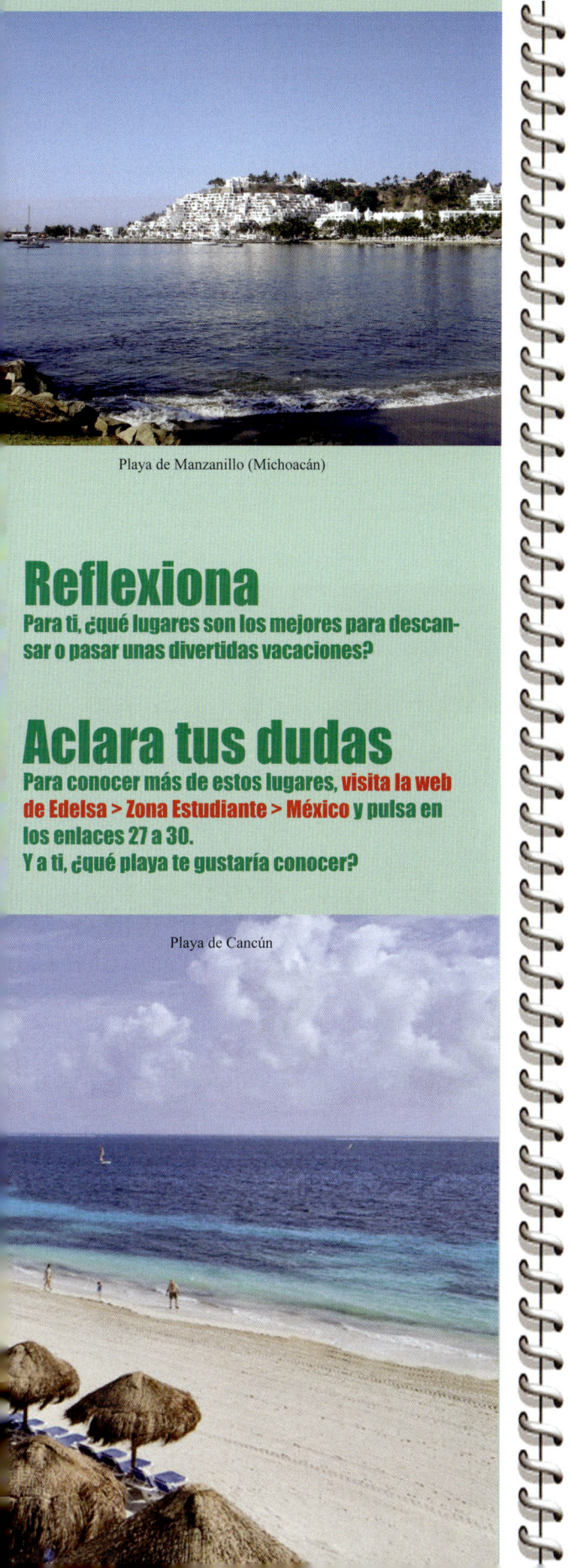

✔ En el estado de **Guerrero** existen las playas más visitadas de México como las de Acapulco. Acapulco es una de las bahías más espectaculares del mundo. Durante todo el año es posible realizar diferentes actividades acuáticas como la natación, el buceo, el esquí, paseos en paracaídas, hasta pescar en pequeños yates. Y, por supuesto, ver los famosos clavadistas, chicos mexicanos que se lanzan al mar desde vertiginosos acantilados.

Clavadistas en Acapulco

✔ Otro lugar muy atractivo ubicado en el estado de **Jalisco** es Puerto Vallarta. Allí se combina la arena suave de las playas con una variedad de actividades acuáticas.

✔ Del lado del Golfo de México, en el estado de **Quintana Roo**, se encuentra uno de los lugares predilectos del turista extranjero que es, sin lugar a dudas, Cancún. Lugar atractivo por la gran variedad de tonalidades que ofrece el mar, desde un azul turquesa que poco a poco va oscureciendo hasta convertirse en el azul marino que se ve a lo lejos, y la suave arena de sus playas. Los campos de golf, las canchas de tenis, así como sus estupendos restaurantes permiten tener una agradable estancia.

Buceando entre tiburones en Cancún

✔ En este estado también se puede disfrutar de dos islas, la de Mujeres y la de Cozumel.

Módulo 9

▶▶ Pueblos mágicos

✔ Un **pueblo mágico**, según la Secretaría de Turismo, «es una localidad que tiene atributos simbólicos, leyendas, historia, hechos trascendentes, cotidianos. En fin, MAGIA que emana de cada una de sus manifestaciones socio - culturales, y que significan hoy día una gran oportunidad para el aprovechamiento turístico».
Existen alrededor de 83 pueblos mágicos de los que solo mencionaremos algunos de ellos.

✔ **Huasca de Ocampo**, en el estado de Hidalgo, es considerado como el primer pueblo mágico, desde el año 2001. Este lugar es una ciudad rodeada por picos cubiertos de vegetación. El centro de la ciudad está lleno de casas y edificios hechos con piedra arenisca blanca y techos de dos aguas. Esta ciudad es conocida por su cerámica elaborada con arcilla roja. También se fabrican allí otras artesanías: sombreros, gorras, molcajetes hechos con piedra volcánica, hierro forjado, obsidiana.

✔ **Huichapan** es un pueblo mágico localizado en el estado de Hidalgo. Se considera como una de las ciudades más bonitas del centro de México por sus calles empedradas y sus bellas construcciones virreinales y casonas antiguas con marcos de madera y ventanas de hierro forjado, así como tranquilas plazas llenas de árboles.

✔ **Papantla**, Veracruz, es una ciudad ubicada en el corazón de la región del Totonacapan, posee un patrimonio ancestral que incluye el ritual de los **Voladores**.

✔ **Valladolid** es un pueblo mágico de Yucatán por sus hermosas construcciones coloniales, sus increíbles cenotes, la calidad de sus trabajos artesanales y, particularmente por sus bordados con notable tradición maya.

Cenote Dzinup, Valladolid

(Fuente: www.mexicodesconocido.com.mx/pueblos-magicos-de-mexico.html).

Prepárate
¿Has oído hablar de los pueblos mágicos?

Actúa
Elige la respuesta adecuada:

- Un pueblo mágico se caracteriza:
  a) porque allí se hace artesanía mágica.
  b) por tener un pasado mágico por sus historias.
  c) por tener atributos simbólicos, leyendas, historia, hechos trascendentes.
- Se caracteriza por su arquitectura con ventanas de madera y ventanas de hierro forjado
  a) Huichapan.
  b) Papantla.
  c) Valladolid.

Huasca de Ocampo

Reflexiona
¿Por qué consideras que se les dio el nombre de *mágicos* a estos pueblos?
¿Existen en tu país pueblos mágicos?

Aclara tus dudas
Para conocer más de estos lugares, **visita la web de Edelsa > Zona Estudiante > México y pulsa en los enlaces 31 a 33.**
¿Qué caracteriza a estos lugares que acabas de ver?

¡Conoce México!

Prepárate
¿Sabes qué es un Patrimonio de la Humanidad? ¿Cuántos patrimonios ha legado tu país a la humanidad?

Actúa
Responde a las preguntas:
1. ¿Qué organismo mundial otorga esas distinciones?
2. ¿Qué productos son considerados Patrimonios de la Humanidad?
3. ¿Qué lugares históricos de México son considerados patrimonios universales?
4. ¿Qué tienen en común las palabras Xochimilco y Xochicalco?

Parque de Xochimilco (Ciudad de México)

Reflexiona
¿Por qué crees que estos lugares han sido considerados Patrimonios de la Humanidad?

▶▶ Patrimonios de la Humanidad

✔ México posee 69 sitios y festividades designados por la Unesco Patrimonios de la Humanidad. En cada una de estas manifestaciones se encuentra el genio creativo del mexicano plasmado en la arquitectura que aparece desde la época prehispánica hasta nuestros días, en sus manifestaciones culturales y en su cocina.

✔ El centro histórico de México, Distrito Federal (D.F.), declarado en 1987 patrimonio cultural. A la Ciudad de México se le ha llamado también «La ciudad de los palacios».

✔ El campus central de la Ciudad Universitaria, México, D.F., es Patrimonio de la Humanidad desde 2007, según el comunicado de la Unesco: «este sitio constituye un conjunto monumental, ejemplar del modernismo del siglo XX. El campus se integra por obras destacadas de urbanismo, arquitectura, ingeniería, paisajismo y bellas artes; es uno de los más importantes iconos arquitectónicos y urbanísticos del modernismo de toda América Latina».

Campus central de la Ciudad Universitaria (Ciudad de México)

✔ Xochimilco, «en el sembradío de las flores», es uno de los vestigios que se conservan del sistema de canales desarrollados en la época de la gran Tenochtitlan. El recorrido del canal se hace en trajineras, pequeñas barquitas, adornadas con flores en las que degustar desde el tradicional mole hasta una variedad de antojitos, amenizados con la música tocada por conjuntos folclóricos.

✔ Xochicalco, o «lugar de las flores», es Patrimonio de la Humanidad desde 1999. Se encuentra al sur de la ciudad de Cuernavaca, en el estado de Morelos. Allí se encuentra el Templo de la Serpiente Emplumada o Templo de Quetzalcoatl. Se puede recorrer sus plazas y principales edificios públicos y religiosos, observar cómo se llevaba a cabo el juego de pelota, y su observatorio, que es uno de los más conservados en México. En su gran museo se pueden conocer las características de las culturas prehispánicas de Mesoamérica.

México